高等院校学前教育
专业创新型系列教材

现代教育技术

李会功 雷巧娟 李运福 主 编

清华大学出版社
北京

内 容 简 介

随着信息技术的迅猛发展,技术对教育的影响越来越广泛,已经从课堂延伸到课程,从简单应用延伸到内涵发展,从部分环节影响延伸到整体变革提升。本书正是基于"用技术把教育做得更好"的终极目标,梳理了现代教育技术的发展历程和基本理论,强化了基本技术的掌握和基于信息技术条件下教育教学活动的开展,以及今后教育教学改革的发展方向。全书体系完整,理念新颖,方向明确,理论与实践相结合,并配套教学课件和大量操作视频帮助学习者高效学习,扫描书中二维码即可免费观看。

本书是面向高等师范院校学生的现代教育技术公共课教材,也可供中小学教师教育技术能力培训、教师继续教育使用,同时可供从事信息技术教学、教育技术管理的相关人员参考。

本书封面贴有清华大学出版社防伪标签,无标签者不得销售。
版权所有,侵权必究。举报: 010-62782989, beiqinquan@tup.tsinghua.edu.cn。

图书在版编目(CIP)数据

现代教育技术/李会功,雷巧娟,李运福主编. —北京: 清华大学出版社,2020.10 (2025.1重印)
高等院校学前教育专业创新型系列教材
ISBN 978-7-302-56470-6

Ⅰ.①现… Ⅱ.①李… ②雷… ③李… Ⅲ.①教育技术学－高等学校－教材 Ⅳ.①G40-057

中国版本图书馆 CIP 数据核字(2020)第 178197 号

责任编辑: 张 弛
封面设计: 于晓丽
责任校对: 刘 静
责任印制: 丛怀宇

出版发行: 清华大学出版社
网　　址: https://www.tup.com.cn, https://www.wqxuetang.com
地　　址: 北京清华大学学研大厦 A 座　　邮　编: 100084
社 总 机: 010-83470000　　邮　购: 010-62786544
投稿与读者服务: 010-62776969, c-service@tup.tsinghua.edu.cn
质量反馈: 010-62772015, zhiliang@tup.tsinghua.edu.cn

印 装 者: 天津鑫丰华印务有限公司
经　　销: 全国新华书店
开　　本: 185mm×260mm　　印　张: 11.75　　字　数: 266 千字
版　　次: 2020 年 11 月第 1 版　　印　次: 2025 年 1 月第 4 次印刷
定　　价: 45.00 元

产品编号: 083866-01

前　言

　　本书是以《师范生信息化教学能力标准》和《中小学教师信息技术应用能力标准(试行)》为指导,以现代教育技术理论及技术为基础,以高等师范院校学生现代教育技术应用能力培养为目标编写的。

　　本书共十二章,主要内容包括教育技术的发展和理论基础、信息化教学设计与教师专业能力发展、信息化教学过程、信息化资源、多媒体课件设计与制作,以及微课制作、数字故事、人工智能编程、翻转课堂等内容。本书重点介绍信息化教学设计、信息化资源采集、微课制作与翻转课堂,旨在使学习者对教育技术形成一个完整的体系认识和先进的理念、扎实的基本功和教学应用能力、一定的教学改革能力和课程融合开发能力。

　　在充分考虑大学生的心理特征和学习风格,以及普通高等院校和高等职业院校的教学软硬件环境的基础上,本书有针对性地进行内容选择和开发,特色及创新之处主要体现在以下几个方面。

1. 体系完整,理念为先

　　本书在编写过程中注重体系的完整性和延展性,从现代教育技术的发展历程到目前最新的 VR 技术和翻转课堂以及人工智能、编程等均有所体现,内容丰富,体系完整,能够满足目前和今后较长时间的教学需求;在具体技术的运用上强调技术与内容的融合发展,杜绝过分强调技术和过分忽略技术的现象;倡导技术与内容相得益彰、融合发展的新理念,力争"用技术把教育做得更好"。本书在编写过程中充分利用了云盘技术、二维码技术和微课技术,制作了大量的微课资源,并通过云盘技术和二维码技术,让学习者能随时随地开展有效学习,真切感受到现代教育技术的便捷和高效。

2. 以真实任务驱动,以活动为载体,做到理论与实践紧密结合

　　本书吸收编者多年从事教育技术教学的经验,立足于教师的真实教学背景,以一个具有挑战性的真实任务为目标来组织教学内容和学习活动,以应用需要为核心,以任务为支架,以活动为载体,以案例为支持,使内容的逻辑性、系统性和整体性增强,符合大学生的认知规律,有利于他们深入理解和掌握教育技术的方法和技能。同时本书强调理论与实践紧密结合,将教学内容融入真实情境中,突破理论讲座、学习实践等相互独立的局限,真正地将理论、方法、技术等融入真实情境的教学活动中,具有趣味性、情境性和挑战性,使学生在体验中学习、在学习中体验,做到理论与实践的有机统一。

3. 以实用为原则,做到共性和个性并存、专业性和普及性兼顾

　　现代教育技术是一门融理论性、知识性、技术性和实用性于一体的课程。因此,本书在编写时突出了实用性和实效性。针对普通高校的教学特点,在开发时做到共性和个性并存。所谓共性,就是遵循教育技术学科领域的研究规范,撷取其中基本理论作为主要教学内容；个性即结合高校实际，开发富有特色的校本课程。同时作为一门公共课教材，又必须在专业性和大众性之间寻求一个平衡点，兼顾所有学生的专业背景和学习需求，书中内容深入浅出，对于许多问题从"零"讲起，把一些精深晦涩的专业理论通俗化。

  本书由李会功负责策划、设计和全面的审核与修订，参加编写的主要有雷巧娟和李运福。李会功编写第六章、第九章、第十章和第十一章，雷巧娟编写第五章、第七章、第八章和第十二章，李运福编写第一章至第四章。书中引用了大量专家、学者的著作、论文和网上资源，对他们的支持表示衷心的感谢！

  全书配有的微课视频和教学大纲、教案、课件及实例和素材等，使用者可以扫描二维码或登录出版社网站下载。

  由于编者水平所限，书中难免存在疏漏之处，恳请读者批评、指正。

编 者
2020 年 7 月

教学课件

目 录

第一章 现代教育技术概述 ·· 1
    第一节 现代教育技术的概念辨析 ·· 2
    第二节 现代教育技术的发展历程 ··· 11
    第三节 现代教育技术的发展趋势 ··· 14
    第四节 现代教育技术的时代价值 ··· 17

第二章 现代教育技术理论基础 ·· 22
    第一节 学习理论 ··· 23
    第二节 教学理论 ··· 37
    第三节 传播理论 ··· 40
    第四节 系统科学理论 ··· 43

第三章 信息化教学设计基础 ·· 46
    第一节 信息化教学设计概述 ··· 47
    第二节 任务导向的信息化教学设计 ··· 50
    第三节 问题导向的信息化教学设计 ··· 53
    第四节 对分课堂的信息化教学设计 ··· 55

第四章 信息时代教师专业能力发展 ·· 58
    第一节 信息时代教师专业能力概述 ··· 58
    第二节 信息时代教师专业能力发展的基本途径 ······································· 63

第五章 信息化教学过程 ·· 67
    第一节 信息技术与课程整合 ··· 67
    第二节 信息化教学模式 ··· 71

第六章 信息化资源的采集和处理 ·· 78
    第一节 信息化资源的概念 ··· 79
    第二节 信息化资源的分类 ··· 79
    第三节 信息化资源的搜索技术 ··· 79

第四节　信息化资源的采集和处理技术 …………………………………… 81

第七章　多媒体课件的设计与制作 …………………………………………… 98
第一节　认识多媒体课件 …………………………………………………… 99
第二节　多媒体课件的设计原则 …………………………………………… 102
第三节　多媒体课件的制作 ………………………………………………… 103

第八章　编程与创客教育 ……………………………………………………… 121
第一节　创客教育及其相关概念 …………………………………………… 122
第二节　创客课程的设计与开发 …………………………………………… 123
第三节　创客课程教学案例——"3D打印与创意制作" ………………… 127

第九章　微课的设计与制作 …………………………………………………… 131
第一节　微课概述 …………………………………………………………… 132
第二节　微课的设计 ………………………………………………………… 134
第三节　微课脚本的设计与编制 …………………………………………… 137
第四节　微课平台的使用 …………………………………………………… 139
第五节　微课制作方法 ……………………………………………………… 147

第十章　数字故事的设计与制作 ……………………………………………… 154
第一节　数字故事的概念 …………………………………………………… 155
第二节　数字故事的设计流程 ……………………………………………… 156
第三节　影视基础知识 ……………………………………………………… 157
第四节　数字故事的评价标准 ……………………………………………… 159

第十一章　翻转课堂的设计与应用 …………………………………………… 161
第一节　翻转课堂的发展历程 ……………………………………………… 162
第二节　翻转课堂的概念 …………………………………………………… 162
第三节　翻转课堂的时代背景 ……………………………………………… 163
第四节　翻转课堂的理论依据 ……………………………………………… 164
第五节　翻转课堂的实施流程 ……………………………………………… 166

第十二章　新技术在教育中的应用 …………………………………………… 169
第一节　智能机器人技术 …………………………………………………… 170
第二节　3D打印技术 ………………………………………………………… 171
第三节　云计算技术 ………………………………………………………… 173
第四节　VR技术 …………………………………………………………… 174
第五节　微信 ………………………………………………………………… 177

第一章
现代教育技术概述

学习目标

1. 辨析教育技术、电化教育、信息技术、现代教育技术等专业术语内涵的区别和联系。
2. 了解现代教育技术的发展历程。
3. 掌握现代教育技术的发展趋势。
4. 掌握现代教育技术的时代价值。

主要内容

现代教育技术概述主要系统性地回答"什么是现代教育技术""现代教育技术是怎么发展的,将如何发展"以及"作为师范学生为什么要学习现代教育技术"等相关问题。

知识结构

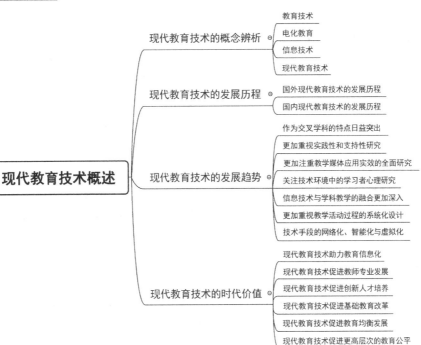

第一节 现代教育技术的概念辨析

现代教育技术是深化教育改革和发展的重要途径。学习现代教育技术的基础知识对适应教育信息化发展趋势、提高教学质量与效率、实施素质教育和培养创新人才均具有重要意义和价值。

一、教育技术

教育,通常有广义和狭义两种概念。广义的教育泛指一切传播和学习人类文明成果,即各种知识、技能和社会生活经验,以促进个体社会化和社会个性化的社会实践活动;狭义的教育专指学校教育,即制度化教育。

技术是人类提高获取能力的重要手段,在某种意义上是指人类使用符号的能力。技术不仅体现在它对社会的推动作用和对人们思想观念及认识的影响,还直接影响学科的发展。技术不是单纯地应用科学,科学从开端处就与技术紧密相连。

自20世纪70年代以来,国内外教育技术学科领域的专家、学者和从业人员对"教育技术"(Educational Technology)和"教学技术"(Instructional Technology)这两个术语的使用并不十分严格。欧美国家较早提倡以学生为中心的思想,习惯于采用"学习"的概念,因此,比较认可"教学技术"的说法。究其原因:一方面,在教育领域,技术的强大作用通常在教学过程中得以发挥,如多媒体教学、教学设计等;另一方面,随着现代社会的发展与终身学习理念的提出,教学技术已经越来越多地应用于企事业单位的人力资源培训,而不仅仅用于传统的学校教育环境。

我国则习惯于采用"教育技术"的说法。这是由于教学主要和教的问题与学的问题有关,教学只是教育的一部分,而采用"教育技术"这一术语可以保持更为广泛的领域。

美国教育传播与技术协会(Association for Educational Communications and Technology,AECT)是国际教育技术学科领域最具影响力的学术团体之一。该协会长期致力于教育技术学科的基本理论研究,先后多次对教育技术的概念进行了界定。该协会官方网站主页如图1-1所示。

目前国内使用较多的依然是AECT在1994年给出的定义。这一定义已经受到国内外教育技术学科领域的众多专家学者和广大实践工作者的普遍认可和高度评价,是对教育技术的科学认识和精辟概述,符合当前现代教育技术的发展潮流,对我国教育技术的进一步发展具有重要的指导意义。

(一) AECT1994定义

AECT1994年给出的教育技术定义为:"教育技术是关于学习过程和学习资源设计、开发、运用、管理和评价的理论与实践。"

图 1-1　AECT 官方网站主页

AECT1994 定义了教育技术的结构与内涵。由此可见,教育技术以教育学、心理学和信息技术等相关学科为基础,逐步形成和发展了自己的理论、方法并付诸实践。既用先进的理论和方法指导教与学的实践,又在实践的基础上发展了教育技术理论。AECT1994 定义结构图如图 1-2 所示。

AECT1994 定义的内涵主要体现在以下几点。

(1) 一个目标。一个目标是指为了促进学习,强调学习的结果,阐明学习的目的,而教是促进学的一种手段。

(2) 两个对象。两个对象是指与学习有关的学习过程和学习资源。学习过程是为了达到特定目的的一系列操作或者活动,研究新的知识、掌握新的技能的认知过程;学习资源是指支持学习的资源,探讨和研究人类学习的最合适的环境和各种条件的途径。

(3) 五大领域。设计、开发、利用、管理、评价是教育技术理论研究与实践应用的五个

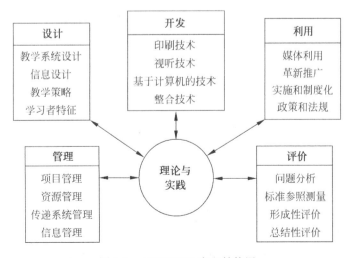

图 1-2　AECT1994 定义结构图

基本领域,每个领域都有其独特的功能和范围。

(4) 两种性质。教育技术既是一个实践领域,又是一个理论领域。作为实践领域的教育技术就是在现代教育思想、理论的指导下,主要运用现代技术进行教育活动,以实现教育过程的最优化;作为理论基础就是"教育技术学",它是教育技术的基础。

(5) 定义启示。该定义强调理论与实践并重。从定义不难发现,教育技术的核心方法是系统方法,与学习相关的过程是教育技术研究与实践的重要对象,学习资源是改善与优化学习过程的重要条件。

(二) AECT2005 定义

随着教育技术理论研究的发展和实践应用的深化,教育技术的概念内涵和本质特征均发生了较大变化,定义表述也需要做出与变化相适应的修改。2005 年,AECT 再次提出了新的教育技术定义。

AECT2005 定义为:"教育技术是通过创设、使用、管理合适的技术性的过程和资源,以促进学习和改善绩效的研究与符合道德规范的实践。"

AECT2005 定义的结构与内涵与 AECT1994 定义相比,变化主要体现在以下六个方面。

(1) 界定的概念名称是"教育技术"(Educational Technology),而不是"教学技术"(Instructional Technology)。

(2) 教育技术有两大领域:研究和符合道德规范的实践。

(3) 教育技术有双重目的:促进学习和改善绩效。由此可以看出,随着教育事业的发展,教育技术的目的已经从"为了学习"扩展到"促进学习"而不是"控制或强迫学习",并进一步扩展到学习之外的"绩效"的改善方面,以及进一步扩展到对学校教育与企事业人员培训的双重考虑,扩展到教学效果、企业效益与教育投入等多种因素的整体评价。

(4) 教育技术有三大范畴:创设、使用和管理。

(5) 教育技术有两大对象:过程和资源。新界定中的过程和资源之前有一个限定词 appropriate technological,表明是适当的、技术性的过程与资源,这与 AECT1994 定义的"学习过程"与"学习资源"有一定的区别。

(6) 教育技术的主要特征在于其技术性。具体表现为:一是教育技术研究的重点是适当的、技术性的过程与资源;二是技术实践的"符合道德规范"性、技术工具与方法运用的先进性、技术使用效果的高绩效性。

(三) AECT2017 定义

美国 AECT 于 2017 年 12 月发布了最新版的教育技术定义,简称"AECT2017 定义"。从 AECT2005 定义提出至今,教育技术及其相关学科的理论研究和实践应用得到了迅猛发展,在此过程中产生了诸多新理论、新思想和新技术。

AECT2017 定义正是在当今教育领域变革的迅猛时期被提出的,及时解读和评析定义,对于教育技术学科的理论研究与实践发展具有重要价值和指导意义。

AECT2017 定义英文原文表述为:"Educational technology is the study and ethical application of theory, research and best practices to advance knowledge as well as mediate and improve learning and performance through the strategic design, management and implementation of learning and instructional processes and resources."国内通常将上述定义翻译为:"教育技术是通过对学与教的过程和资源进行策略设计、管理和实施,以提升知识、调节和促进学习与绩效的关于理论、研究和最佳方案的研究且符合伦理的应用。"

通过对 AECT2017 定义的翻译以及关键术语的解析,该定义蕴含了教育技术研究的形态、范畴、对象、内容和目标五个核心要点。

(1) 研究形态:研究与符合伦理的应用。
(2) 研究范畴:理论、研究与最佳方案。
(3) 研究对象:学与教的过程与资源。
(4) 研究内容:策略设计、管理与实施。
(5) 研究目标:提升知识、促进学习和提升绩效。

二、电化教育

"电化教育"一词的正式使用始于 1936 年。当时的国民政府教育部举办电化教育人员训练班,由各地选派学员参加。中华人民共和国成立以后,国家各级教育行政部门也陆续使用"电化教育"一词并沿用至今。

《中国大百科全书》对电化教育的定义是:"利用幻灯、投影器、电影、无线电广播、电视、录音、录像、程序学习机和电子计算机等教学设备及相应的教材进行的教育活动"。

至今仍被广泛使用的电化教育定义,是由电化教育事业的开拓者和奠基人、西北师范大学终身教授南国农先生提出来的。由南国农先生主编的《电化教育学》(第 1 版)中,将电化教育的概念描述为"电化教育就是运用现代教育媒体,并与传统教育媒体恰当结合,传递教育信息,以实现教育最优化"。

20 世纪 90 年代以前,我国的教育技术被称为"电化教育"。尽管我国的教育技术的本质特征和世界上所有的教育技术是相同的,但是在几十年的摸索中,我国教育技术已探索出了一些具有中国特色的理论基础。90 年代以后,随着国内和国外在教育技术方面的交流越来越多,我们不仅在名称上将"电化教育"改为"教育技术",还在研究内容和方法等方面更加国际化。

教育技术即"教育中的技术",是人类在教育活动中所采用的一切技术手段和方法的总和。狭义地说,教育技术是指在解决教育教学问题中所运用的媒体技术和系统技术。根据南国农先生的看法,"电化教育就是在现代教育思想和理论指导下,主要运用现代教育技术进行教育活动,以实现教育过程的最优化。"电化教育是我国教育技术史上的一个重要阶段,现在也是作为教育技术的一个实践领域。由此可知,教育技术和电化教育在基本概念上大致相同,目的都是在教育教学过程中实现最优化,但是在概念的覆盖面上教育技术比电化教育更广一点,因为教育技术中的"资源"指的是所有的学习资源,包括和教育相关的一些可操作的东西,而电化教育的"资源"只是科技新成果发展起来的教学媒体。

> **知识拓展**
>
> 南国农(1920—2014)作为新中国电化教育的奠基人,被千千万万教育技术工作者亲切地称为南先生。南先生是中国电化教育理论与实践的教育家,其电化教育"七论"奠定了中国教育技术的发展方向,对我国教育技术产生了深远的影响。他是中国电化教育事业的奠基人、全国教育科学研究终身成就奖获得者、西北师范大学唯一终身教授、《电化教育研究》杂志主编。近30年以来,南国农教授组织编写并出版了《电化教育学》《教育传播学》《信息化教育概论》等十几部电化教育专业教材。

三、信息技术

信息技术代表着当今生产力的发展方向,深刻影响着社会和经济结构的变化,教育也不例外。2010年7月,由中共中央和国务院共同颁布的《国家中长期教育改革和发展规划纲要(2010—2020)》(以下简称规划纲要)提出:"信息技术对教育发展具有革命性影响,必须予以高度重视。"这里的"革命性影响"应该理解为颠覆性变革,就像文字的出现虽然只改变了信息的记录方式,却颠覆了"口耳相传"式的知识传承模式,电影、电视的出现虽然只改变了信息的呈现方式,却颠覆了"咬文嚼字"式的知识理解一样,信息技术将全面渗透到教育的各个环节,彻底变革现行教育。

自人类文明产生以来,教育已经历了四次革命:第一次教育革命,以专职教师的出现为标志;第二次教育革命,以文字体系的出现为标志;第三次教育革命,以印刷术的出现为标志;第四次教育革命,以现代教育技术的形成与快速发展为标志。

信息技术(如通信技术、同步卫星技术、电视技术、计算机技术等)和系统科学方法等现代科学技术的迅速发展及其在教育领域的全面推广和深入应用,引发和推动了教育理念、模式、结构、策略、手段、方式的又一次重大变革。以多媒体技术、计算机技术、网络通信技术、普适计算技术等为代表的现代信息技术与学科教学的全面结合和深度应用,改变了传统的课堂教学范式和学生的学习范式,正在构建一种新型学习范式——泛在学习,其典型特征是5A:Anybody(任何人)、Anytime(任何时间)、Anywhere(任何地方)、Anycontent(任何内容)、Anydevice(任何设备),即任何人在任何时间、任何地点都可以通过任何设备学习任何内容。

(一)教育观念的变革

信息技术的"无孔不入"使传统的教育观念难以应对纷繁复杂的教育现象,新的教育观在此"内忧外患"之际应运而生,主要包括以下几项。

(1)现代教学观。教师不仅要传授学生知识,还要教会学生学习,即"授人以鱼不如授人以渔"。

(2) 现代师生观。学生不再被动地接受知识,而是成为认知的主体、意义的主动建构者。教师也演变成了学生意义建构的指导者、帮助者、激励者和设计者,师生之间是民主平等的关系。

(3) 现代人才观。现代教育应该培养出智慧型、创造型人才,而不是传统教育的知识型、模仿型人才。

(4) 学习时空观。学习不再受时间限制,也不再受空间限制,学习者可以随时随地地学习,实时或非实时地学习。这些现代教育观,对于提高全民素质、推动当前教育体制改革有着重要的指导作用。

(二)教学环境的变革

从黑板加粉笔的教学工具,到投影、计算机、互联网、机器人等,现代教育媒体的兴起,不仅丰富了知识的呈现形式,而且能从感官上调动学生的积极性。置身于今天的课堂,交互式电子白板、触控式教学一体机、电子书包的应用已经屡见不鲜,虚拟仿真技术、虚拟现实技术、人工智能技术、大数据分析技术也极大地促进了学生对知识的理解,提高了学生自主学习的能力。

IBM前首席执行官尼葛洛庞帝曾这样批评教育领域变革的迟缓:"如果一个100年前的医生来到今天的医院,他已经不可能再去给今天的患者治病了;但是一个100年前的教师来到今天的学校,掸干净身上的尘土,却同样可以成为今天的教师。"但是,我们也要看到,尼葛洛庞帝所讲的此类"今天的学校"正在发生着变化,越来越多的师生将互联网作为其获取信息的主要来源;网络信息资源的开发与利用已经成为当今教学资源领域里的热点问题;网络通信技术实现了授课教师、点评专家和无数观摩者之间的异地同步视频交流、研讨;越来越多的学校正在进行智慧校园建设,以提高学校教学、管理和服务的效率。步入信息时代,也许我们还保持着10年前的思维,还延续着10年前的理念,但师生们对学习、教学、管理、服务的需求和评价都较过去发生了质的飞跃,已突显出信息时代的特点。

(三)教学内容的变革

我们正处在信息爆炸的时代,信息快速地膨胀。一个美国高中教师做了一个传播面非常广的PPT,其中提到以下数据:我们现在的英文单词有54万多个,但在莎士比亚的时代只有10万个,膨胀了5倍多;现在《纽约时报》一周的信息量,相当于一个18世纪人一辈子获得的信息量总和;现在世界上每天产生1.5×10^{18}字节不重复的信息。一位网民这样写道:"我深深地感到信息时代到来了。如果说面对堆积如山的书籍,可以按自己的兴趣去读,那么在网络上只有按自己特别的兴趣去读。浩如烟海的知识让人头晕目眩,感到一种威压,茫然四顾而迷失了自我,就如一只蚂蚁一样找不到自己的影子。"显然,要想在学校里把一生中需要用的知识都学到是不可能的,即使是传统的教学内容也需要重新组织与安排。

网络信息资源的建设是信息资源建设的重要阵地。在Web 2.0环境下,资源使用者不断补充新的资源,资源内容与表现形式不断丰富,资源系统结构逐渐进化并不断完善,逐渐形成二次资源、三次资源……实现了网络信息资源的动态发展。在资源的动态发展、利用过程中，资源使用者从单一的用户角色转变为既是资源使用者又是资源建设者的双重角色；网络信息资源再生与利用的过程也是用户社会网络建立的过程，前期资源使用者生成的资源会对后续资源用户产生影响；网络信息资源的"再生"使资源在利用的过程中实现了自动进化，大量的再生资源会从各个方面影响后续资源用户对原始资源的理解，对后续资源用户的思维产生根本性的影响。

一方面，置身于信息时代，人类的知识正在以前所未有的速度成几何级数地迅猛增长，其中一个十分重要的结果就是学校教育中要传授的知识和技能越来越多，每一个社会成员在其一生中需要学习的东西也越来越多，教育教学的内容也在大幅度增长。另一方面，作为教学内容的知识和技能，在侧重点方面也发生了变化，信息鸿沟、信息孤岛、信息过载等问题迫切要求学校与社会不仅要注重知识的传授，更要注重学生信息素养的培养，关注搜集信息的能力，积累解决问题的方法。

（四）教学方式的变革

传统的整齐划一的班级教学，已经不能适应新的教学内容与要求，班级授课制实现了大规模、高效率的工业化人才培养，却难逃缺乏个性化学习的诟病。信息技术的应用，特别是数据挖掘技术和大数据分析技术在教育领域的应用，使得学生的个性化学习成为可能。虽然这方面的影响和变化刚刚显现出来，但是其必要性和必然性已经十分明显。信息时代的教学必须以学生为中心，所有的教学资源都必须围绕学生的学习来进行优化配置，教师的主要任务不再是传播知识，而是教会学生在信息海洋中游泳的本领，帮助学生解决学习过程中的问题，使学生形成一套行之有效的学习方法，提升学生解决问题的能力。近些年，随着信息技术的不断革新，网络课程、慕课(MOOC)、微课、翻转课堂等教学方式在教育领域里运用发展，使传统课堂教学的变革成为必然。5G 网络进入乡村小学的报道如图 1-3 所示。

图 1-3　5G 网络进入乡村小学的报道

著名理学家朱熹提出"无一事而不学，无一时而不学，无一处而不学"的观点。如今的人工智能、物联网、云计算、大数据、虚拟现实等技术的最新发展，让终身学习迅速步入任何学习者都可以随时随地使用手边的移动通信工具来进行学习的泛在学习时代。以资源为主的数字化学习和以同伴互动为主的移动学习作用凸显，泛在学习的理念也逐渐趋于成熟。但是，无论是泛在学习环境的建设，还是泛在学习资源的获取，都离不开最新技术的发展，包括 4G/5G 技术、云计算技术、虚拟现实技术、物联网技术、大数据技术等在内的信息技术的发展，将使泛在学习从理想变为现实。在开放的学习环境中，学习者的学习更加方便、快捷和更具可持续性，真正体现了学习的个性化和生活化。

（五）教学方法的变革

探索新的学习方式和教学方法，是教育研究亘古不变的话题。技术的迅速发展和普及，计算机网络、新媒体技术的应用延伸，使得地域差异造成的障碍被突破，远程教育使教育公平的理想成为现实。同时，多媒体、交互式电子白板、触控一体机、录播教室、电子书包、数字课桌等的应用，使有利于学生自主学习的教学方法迅速发展。有了技术、媒体、理念的支撑，教学方法便由传统的讲授法、演示法向案例教学法、问题驱动式教学法、讨论法等转变，突出体现了学生学习的主体地位，不断激发学生学习的主动性与积极性，培养其好学、善思的思维。网络教学、个性化学习、合作学习、活动学习、研究性学习、自主性学习、分布式学习、同步教学、异步学习、非正式学习以及终身学习等新的学习形式，已经出现在教育界，并逐渐被绝大多数教师所接受。现代化的课堂学习空间如图 1-4 所示。

图 1-4　现代化的课堂学习空间

教育家巴班斯基曾指出：教学方法最优化中的一个最重要也是最困难的问题，是合理选择各种教学方法并使之达到这样的结合，即能在该条件下，在有限的时间内获得最好的教学效果。可以说，科学地、优选组合地运用教学方法是教学方法改革的最终方向。

（六）教育制度的变革

知识的爆炸性增长，意味着教育不再只是针对在校的学生而言，教育不只是学校的任务，同时需要家庭、企业、社会的共同努力。泛在学习、社会化学习、终身学习将是新时代对每个公民的必然要求。在这种情况下，教育教学的内容、方式将会日益丰富和便捷，而一种新的、面向全体社会成员的教育体系和教育制度，将成为21世纪信息社会构架中的重要组成部分。

（七）教学模式的变革

面对信息化社会，教学各个环节的改革已经迫在眉睫，世界各国都在加强教师信息素养的培养和信息技术应用能力的培训，并将其作为整个教育信息化进程的重要组成部分，投入大量的人力、物力和财力，以期通过教师信息素养的培养和信息技术应用能力的培训来改进教学过程和提高教学能力，最终实现教育的变革与发展。现代信息技术在支持以学为主的教学中，在支持学生的探究、交互、合作学习及过程性评价等方面都能够提供多方面的支持，还能够为学习者创设一种全新的学习环境，从而改变传统的教学方式，进而改变传统的教学模式，培养信息时代所需的创新人才。

四、现代教育技术

现代教育技术是以计算机技术、多媒体技术和网络通信技术为核心的现代信息技术，是在教育领域和教学过程中理论指导与技术应用的有机结合，是深化教育改革和发展的制高点与突破口。

（一）提高教育质量

教育质量的高低主要是看学生是否在德、智、体、美、劳等方面都得到了发展。现代教育技术为提高教育质量提供了强有力的支撑，主要表现在以下几方面。

（1）现代教育技术能够提供良好的交互环境，为学生提供更自主的学习机会，使得他们对学习过程更投入，更主动地进行信息加工，可以增强学习效果，促进学生主动发展、个性化发展，提高面向个体的教育品质。

（2）现代教育技术无时间、空间限制的特性，有利于创建大教育的格局，使各类教育资源特别是优质教育资源得到有效整合，扩大优质教育资源的受益面，对优化教育发展的大环境，整体提升教育质量无疑是一条有效途径。

（3）以促进人的全面发展和适应社会需要为衡量教育质量的根本标准的质量观，将会催生新的教育质量评估体系和评价方式，特别是综合素质评价及其诚信认定制度的实施，需要建立在信息技术平台基础上的大量数据聚合和质量监测跟踪。

（二）扩大教育规模

现代教育技术能扩大教育规模，加速教育事业的发展。国家正在实施科教兴国战略，可充分利用现代教育技术开展各种远程教育，扩大教育规模。如利用广播电视网络（包括卫星电视、有线电视）、计算机网络、邮电通信网络等，开展多种形式的远距离教育，向学校、社会、家庭传播各类教育课程。一个教师同时教千百个学生，一个教育信息源同时为成千上万的学生所用，大大节省了师资、校舍和设备，扩大了教育规模。如国家开放大学

（原中央广播电视大学）的远距离教育，北京大学、湖南大学等的网上大学，国际网上大学，都在教育规模上得到了极大的扩展。

（三）促进教育改革

现代教育技术的发展，被人们公认为是中国教育改革与发展的制高点和突破口，它在教育上引起了多方面的变革。例如，在教育教学手段方面，将现代技术手段引进教育领域，使教育手段实现了多媒化；在教育教学方法方面，媒体教学法的应用使教育方法实现了多样化；在教育教学模式方面，现代教学媒体改变了原有教育过程的结构，形成了多种人—机—人的教育新模式；在教育教学观念方面，为教育的发展提供了新思路、新思想、新办法；在教育理论方面，由于手段、方法、模式、观念的改变与发展，使教育理论的研究得到了更大的发展，促进了现代教育观、现代教学观、现代学校观、现代人才观的形成。

第二节　现代教育技术的发展历程

教育技术作为一种教育手段，随着社会科技的进步应运而生。现代教育技术的发展是随着技术的发展、理论的成熟和实践应用的深化而逐渐发展壮大起来的，经历了一个漫长的过程。

一、国外现代教育技术的发展历程

（一）萌芽阶段——视觉教育

视觉教育可以追溯到近代欧洲的直观教学。17世纪著名的捷克教育家夸美纽斯主张，"让一切学校布满图像""让一切教学用书充满图像"，并于1658年编写了一本附有150幅插图的教科书《世界图解》。直观教学主要采用图片、实物、模型等直观教具来辅助教学，但由于当时科学水平的限制，教学的直观性层次较低。

19世纪末20世纪初第二次工业革命时期，工业技术现代化使得西方国家急需大批有知识有技能的劳动者，但是当时的学校规模和教育计划却无法满足求学的需要。夸美纽斯、裴斯泰洛齐、杜威等人的教育思想也是视觉教学运动产生的重要因素之一。由于工业革命推动了科学技术的迅猛发展，这些新的科技成果，如照相技术、幻灯机、无声电影等被引入教学领域，给传统的以手工操作为主的教学带来了新的技术手段。

（二）迅速发展阶段——视听教育

第二次世界大战后10年是视听教学稳步发展的时期。在这一时期，人们也感到"视觉教育"这个名称已不能准确反映当时的教育实际活动，而提出了"视听教育"的概念。但视听教育所指的不仅是幻灯、电影、录音、无线电广播等现代媒体的应用，还包括照片、图表、模型、标本等直观教具以及参观、旅行、展览等形式的教学活动，凡是传授观察经验的教育活动，都属于视听教育。

（三）系统化发展阶段

20世纪60至80年代，闭路电视系统在学校教育中开始得到广泛应用。同时，语言实验室也风靡全球。自1946年第一台数字电子计算机问世以来，许多专家就开始了对计算机在教育领域应用中的探索。计算机的诞生为教育技术的又一次飞跃奠定了物质基础，计算机辅助教育成为教育技术中最为重要的领域之一，为个性化学习翻开了崭新的一页。

随着视听领域中传播理论的引入和程序教学的影响，教育技术的研究开始运用系统方法和理论，重新对教育技术的概念进行界定，对教学过程进行系统设计的思想和实践逐渐成为新时期教育技术的重要组成部分。对教育技术概念的重新界定使教育技术进入了系统发展阶段，它把教育技术从对教育系统中个别要素的研究扩大到对整个系统进行设计、实施、评价的研究，使教育技术发展成为研究实现教育最优化理论和技术的一门独立的学科。

（四）网络化的发展阶段

进入20世纪90年代后，由于现代科学技术的飞速发展，人类知识总量迅猛增长，知识更新的时间和知识老化的周期日益缩短，因此只有大力推行现代教育技术，才有可能使学习者在较短的时间内学到更多的知识。计算机多媒体技术和网络技术的产生与发展，为现代教育技术的又一次飞跃提供了契机，使教育的全民化、终身化、多样化、自主化、国际化成为可能。

虽然人为地划分了现代教育技术的不同阶段或者历史时期，但是我们不能否认后一种技术代替了前一种技术或者后一种理论代替了前一种理论。实际上，无论是媒体还是理论，它们都有其自身的发展规律，都不是断代发展的，而是根据历史发展继而发展的。教育技术的发展轨迹，实际上是教育和教学的手段、方法和理论的不断扩大、丰富和发展的过程。

二、国内现代教育技术的发展历程

我国的教育技术源于欧美的视听教育。20世纪90年代以前，我国的教育技术一直被称作"电化教育"。随着时间的推移和与国外相关领域的沟通交流，"电化教育"不仅在名称上改为"教育技术"，而且在各个方面都具有中国独有的特色。

（一）萌芽阶段

1919年幻灯、电影、无线电广播开始在教育中应用。1936年，开始使用"电化教育"这个名称。20世纪20至40年代，我国部分地区开始举办电化教育专业。1932年，"中国教育电影协会"在南京成立。1936年，南京教育部成立电影教育委员会和播音教育委员会。1945年，苏州国立教育学院成立电化教育系。可见，我国的电化教育诞生于20世纪20年代，30年代进入课堂，正式起步。其发源地和早期活动地是上海和江苏。

(二) 奠基阶段

新中国成立后，百废待兴。中央人民政府于1949年11月成立电化教育处，负责领导全国的电化教育工作。1949年，北京人民广播电台和上海人民广播电台举办俄语讲座。1955年，北京、天津分别创办自己的广播函授学校。1958年前后，我国掀起了教育改革运动，推动了高等学校和中小学校电化教育活动的有效开展。1960年起，上海、北京、沈阳、哈尔滨、广州等地相继开办电视大学。在这段时间，幻灯、录音、电影开始进入城市中小学校和高等院校。1964年，高等教育部批准在上海外国语学院建造了国内第一座电化教学楼。由于政府关怀和学校重视，20世纪50年代初期至60年代中期，我国电化教育事业的发展进入活跃期，取得了不菲的成绩并形成了规模效应，培养了一支由教师、技术人员组成的专业化电化教育队伍。但是由于"文化大革命"的爆发，我国的电化教育事业发展从此进入了停滞期。

(三) 重新起步和快速发展阶段

党的十一届三中全会召开以后，我国的电化教育事业重新起步并得到了迅速发展。1978年，教育部决定设立电化教育局和中央电教馆，作为指导全国电化教育工作的中心。1979年，我国开始建立各级电化教育机构，扩大电化教育工作队伍。

在软硬件建设方面，整个20世纪80年代，普通电教室、语言实验室、计算机室、闭路电视系统、卫星接收站等硬件设施的建设发展相当迅速；软件建设也极为迅速，各级学校制作了幻灯、投影、录音、电视、计算机课件等各类电教教材。在学科建设方面，从1978年开始，国内几所高等院校着手开设电化教育专业；从1983年起，北京师范大学、华南师范大学、华东师范大学三所高校分别创办了四年制本科电化教育专业。理论研究方面，构建了以七论（本质论、功能论、发展论、媒体论、过程论、方法论、管理论）为学科体系和理论内容的研究框架，初步实现了由小电教到大电教的观念转变，初步形成了以课堂播放教学法、远距离播放教学法、程序教学法、微型教学法、现代成绩考查法等为内容的电化教学方法体系。20世纪80年代后期，我国电化教育专业如雨后春笋般出现，形成了包括专科、本科、研究生三个层次的人才培养体系。为了适应改革开放对人才的需求，党中央和国务院决定建立面向全国的中央广播电视大学。

20世纪80年代初，我国各地开始建设教育电视台、教育电视站和教育电视收转站。1986年，中央教育电视台成立，并开始运用卫星进行教育电视广播。总的来说，这一阶段我国电化教育事业发展迅速，无论是从组织机构、人员队伍，还是从学科建设、软硬件建设来看，这一阶段为我国电化教育事业的发展奠定了坚实的基础。但是，限于当时的历史环境、理论水平和技术条件，这一阶段也有其不足之处：一是太偏重于硬件投资和建设，忽视了软件建设和人才培养；二是在理论研究上，对于教育技术的三大技术（现代通信技术、多媒体技术、网络技术），基本上只停留在对媒体技术的研究上，而对于媒体传播技术和教学系统设计技术涉足不多。

(四)深化发展阶段

20世纪90年代中期以后,随着对国外教育技术研究的逐步深入,我国教育技术得到了相当迅速的发展,主要表现为三大技术和两种新理论(认知主义学习理论和建构主义学习理论)进入我国教育技术领域,对教育技术理论和实践产生了重大影响,使得我国教育技术有了一个质和量的飞跃发展。

规划纲要指出,要加快教育信息基础设施建设,把教育信息化纳入国家信息化发展整体战略,超前部署教育信息网络。规划纲要还指出,加强优质教育资源开发与应用,加强网络教学资源体系建设,引进国际优质数字化教学资源,开发网络学习课程,建立数字图书馆和虚拟实验室,建立开放灵活的教育资源公共服务平台,促进优质教育资源普及共享,创新网络教学模式,开展高质量高水平远程学历教育。这些目标与教育技术的发展密不可分。

第三节 现代教育技术的发展趋势

信息技术对教育的革命性影响日趋凸显,教育信息化建设进入新的阶段,学习环境、教学模式以及教育系统治理都面临着从传统向智能转变过程中的机遇与挑战。

一、作为交叉学科的特点日益突出

现代教育技术属于综合性的应用性学科,学科的交叉性特别突出,它是连接教育学、心理学、信息技术等学科的桥梁。交叉学科这一特点,首先体现在它需要技术的支持,特别是信息技术的支持。纵观教育技术的发展历程,它与科学技术和工具手段进步密不可分,也与教育学、心理学、传播学理论的不断丰富密不可分,这些学科之间密切联系,相互促进,协同发展,共同关注人类的学习过程,努力解决人类的学习绩效,关注如何更有效地使用和利用技术来促进学习。现代教育技术的学科特性和专业特点,决定了它的研究和实践主体多元化,包括教育学、心理学、学习心理、教学系统设计、信息技术、传播理论等不同学科背景和行业领域的专家、学者可以从不同的角度,采用不同的方法共同研究和实践现代教育技术,全面关注和充分利用以上相关学科的最新前沿动态、理论研究成果和实践应用经验,不断丰富自身的理论体系和实践领域。

二、更加重视实践性和支持性研究

现代教育技术作为理论和实践并重的交叉学科,既需要理论指导实践,也需要在实践中进行理论研究。人们越来越重视技术的实践性和学习的支持性研究,主要包括以下三个方面。

(1)教师培训。如何对教师进行现代教育技术培训,特别是如何实施有效的培训,需要现代教育技术工作者在实践中进行不断地探索。

（2）资源建设。在资源建设方面，教育软件的设计和应用值得特别重视。随着网络技术、物联网技术、人工智能技术、虚拟现实技术等新兴技术的不断发展和普及应用，新一代以网络为核心的智能教育软件在教育软件市场上将占据越来越重要的地位。如何开发出适合学习者学习特点和需求的网络教学资源，将成为教学资源建设中的重要研究任务。

（3）学习支持。现代教育技术在理论研究与实践应用过程中，对各级各类学校在校学生和社会学习者的学习支持给予了密切关注和高度重视。

三、更加注重教学媒体应用实效的全面研究

对媒体应用实效性研究主要包括以下三个方面。

（1）内容目标的针对性。在教学时，需要根据不同学科的特点有选择地使用计算机进行辅助教学。

（2）媒体应用条件的可能性。某种媒体应用于教育，不仅是简单地运用问题，而是要妥善处理各个条件之间（思想观念的转变、规章制度的建立、环境设施的配套、使用者的技能和心理准备）存在紧密关系，对于不同地区不同学校而言，要选择更加合适的媒体技术。

（3）应用的时效性。利用媒体的教育教学效果如何，通常以教育教学评价作为参考。根据泰勒的目标原理，使用媒体技术需要进行检验来确保教学效果并弥补不足。

四、关注技术环境中的学习者心理研究

教育是面向人的社会活动。在教育的大环境中，任何活动的设计和技术的使用都要以为学习者服务为根本出发点。现代教育技术在发展历程中曾一度偏离这一出发点，经历了以媒体研究为中心、以教师的教为中心的误区。在教育从工业体制过渡到更人性化的今天，现代教育技术的研究开始更加关注学习者的心理、个性特点、学习需要和学习兴趣。现代教育技术更加符合从学习的特点到如何教、从如何教到如何利用现代教育技术的"学习—教学—教育技术"的范式，开始重视心理学研究成果在现代教育技术领域的应用问题。在信息技术的支持下，学习者的学习活动开始更多地向技术化环境偏移，在传统面对面教学的基础上出现了多媒体教室环境中的班级教学、网络环境中跨时空教学等多样化形式。在充分肯定新技术环境给教育带来巨大优势的同时，也需要看到新技术环境下学生学习特点的变化，如在新技术环境下学生的认知负荷问题、多媒体技术对学生注意力保持程度的影响、网络环境下学生学习的认知孤独问题等。要解决这些问题，现代教育技术领域必须深化对新技术环境中学习者学习心理的关注与研究。基于脑科学的研究实验如图1-5所示。

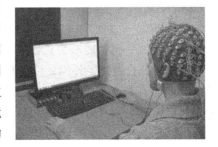

图1-5 聆听大脑的神秘电波

五、信息技术与学科教学的融合更加深入

在基础教育阶段,信息技术与学科教学深度融合的问题,一直都是现代教育技术的研究重点,也是现代教育技术真正发挥作用的重要领域之一。在基础教育的未来发展中,这种融合研究将更加系统、全面和深入,主要表现在:在中小学校的学科教学中,信息技术的参与度更高、覆盖面更多、作用更明显。随着信息技术的飞速发展和全面进步,信息技术将向智能化、网络化、虚拟化的方向发展,这种发展将被更广泛地应用到学科教学实践中,以扩展学生的学习环境。信息技术与学科教学的深度融合将表现出更多的理论研究,更加关注融合策略、形式、手段、方法等内容的研究,形成与技术特点相关联的理论支撑。

六、更加重视教学活动过程的系统化设计

由于信息技术的全面参与、学习目标的多维化、教学情形的繁杂化、对教学过程与效果的优化追求,现代教育技术在运用过程中将更加重视系统化设计。为了培养高素质的综合型人才,教学系统设计将越来越关注课程内容与信息技术的融合,尤其是一般学科与信息技术的融合。在融合过程中,如何设计基于研究性、综合性的学习活动,让学习者综合应用多个学科领域的知识,从而培养创新人才,既是教学设计的重点,也是难点。

当前网络教育开展得如火如荼,但对于网络课程和网络教学结构还需要进行不断地研究、探索和实践,才能适应教育信息化发展的时代要求。网络课程建设,应该更加注重学习过程、学习活动、学习组织和学习评价,尤其是形成性评价的设计。网络教学平台作为承载网络课程的工具,应该支持更加多样化的学习活动。随着网络教学理论的深入研究,学习活动将更加个性化、情境化、多样化、综合化。

七、技术手段的网络化、智能化与虚拟化

AR/VR/MR 开始走入学校的实际应用阶段,沉浸式学习环境将带给学生更加美妙的学习体验。一方面,教育应用场景的复杂性以及学生的个性化需求为人工智能与各项新兴技术的融合提供了外因;另一方面,每项新兴技术均有其潜在的能力,技术之间的融合发展将能够开辟新的增长源泉,这是其融合的内因。其中,人工智能与沉浸式媒体的融合成为构建智慧学习环境的新兴关键技术之一。小学机器人编程课程如图 1-6 所示。

图 1-6　小学机器人编程课程

智能技术的使用也使得学生的学习不再受到物理空间的限制,可以在任何地方开展有意义的学习。越来越多的技术在教学和学习中的应用,促使客户端技术环境下的学习研究、基于平板电脑的一对一数字化学习、课程整合以及基于问题的学习成为可能,而移动设备和智能技术的使用,使得学生在课外的 STEAM 教育活动也能更高效地聚焦于学习目标,帮助学生更有效地体验科学探究项目的学习。

第四节 现代教育技术的时代价值

教育技术的价值取向是指依据自身价值观念的价值主体,在有关教育技术的活动中所表现出来的意识指向。教育技术的价值取向对于有关教育技术的活动具有很强的导引作用。

一、现代教育技术助力教育信息化

(一) 推进教育信息化是国家意志

教育信息化是教育领域的各个方面与信息技术深度融合,以此推动教育的全面改革和发展,促进实现教育现代化的过程。教育信息化是推动教育改革与发展的需要,是教育现代化的必由之路,是缩小地区教育差距、构建终身教育体系的有效途径,是实现素质教育和创新人才培养的需要。世界各个国家都在加快教育信息化的步伐,教育信息化程度的高低已经成为当今世界衡量一个国家综合国力的重要标志。因此,推进教育信息化是国家的意志。

(二) 教育信息化的基本要求

教育信息化应沿着怎样的发展路径为教育现代化提供条件支撑,是我们不断探索的问题。我国制定的《教育信息化十年发展规划(2011—2020 年)》提出,到 2020 年,需形成与国家教育现代化发展目标相适应的教育信息化体系:基本建成人人可享有优质教育资源的信息化学习环境;基本形成学习型社会的信息化支撑服务体系;基本实现宽带网络的全面覆盖;教育管理信息化水平显著提高;信息技术与教育融合发展的水平显著提高。

(三) 教育信息化建设

我国教育信息化建设的指导思想是坚持以育人为本,以现代教育思想和理念为指导,以优质的教育资源和信息化学习环境建设为基础,以体制机制和队伍建设为保障,密切结合我国教育发展的实际,统筹规划建设,不断提高现代信息技术在教育教学活动中和教学管理过程中的应用水平,全面推进素质教育与创新人才的培养,实现教育的现代化。实现教育现代化、创新教学模式、提高教育质量,迫切需要大力推进现代教育技术的发展,现代教育技术的发展又助力教育信息化。

二、现代教育技术促进教师专业发展

进入21世纪,伴随着知识经济社会和信息时代的到来,教师这个古老的职业正面临着越来越多的机遇和挑战。知识结构和能力结构的多元化以及现代教育理念和教育方式的转变,已经为我们勾画出未来教师的素描:拥有完整的知识结构,具备全面的教学技能和驾驭现代信息技术的能力。现代教育技术对于教师的要求有:树立现代教育观念,掌握科学教育方法;实施主体自控策略,增强教师的教学效能感;通过说课和微课教学,提高教学监控能力;实施教学策略训练,提高教师教学策略技术;运用教学反馈技术,注重教学反思训练。

现代教育技术促进教师专业发展,主要体现在以下三个方面。

(1) 为处于不同时空的教师提供交流机会。例如,专门为教师交流所开发的教师联盟网站、教育教学论坛,为不同地区、不同年龄、不同职业发展阶段的教师提供了相互交流的场所,拓宽了教师交流的范围,丰富了教师交流的方式。

(2) 为教师提供有效的学习方式。在教师专业化发展过程中,需要不断地学习。当教师利用教育技术促进教学时,也应该有效利用教育技术促进自己的学习,不断发展自我,从而成长为专家型教师。

(3) 为教学研究提供手段和方法。教师专业化发展提倡做研究型教师,发现、分析和解决教学问题是研究型教师的必备技能,现代教育技术为研究型教师提供了有效的研究工具、手段和方法。

三、现代教育技术促进创新人才培养

所谓创新人才,是指具有创新精神的创造型人才,也就是具有创新意识、创造性思维和创新能力的人才,其核心是创造性思维。我国要在21世纪实现全面振兴,最根本的是要依靠科技进步和提高劳动者的素质,培养大批高素质的创新人才。教育是科技发展和培养人才的基础。

现代教育技术的最新理论基础——建构主义强调学生自主学习、自主探索,在教师的帮助下,主动构建知识的意义,有利于培养发散思维、求异思维和逆向思维。由于建构主义主张充分利用各种学习资源,并强调"情境创设""协作学习"的学习环境和"发现式""探索式"学习策略,所以它又是对直觉、形象、辩证思维要素的有力支持;基于计算机的课件开发平台、优秀的多媒体课件可对直觉思维、形象思维提供有力的支持;基于计算机网络的"协作式学习"和"发现式学习"提倡讨论、交流学术民主,鼓励自由发挥、自由想象,能在较短时间内使同一小组的每一位学生都对同一个复杂问题获得多方面的较为深入的认识,这对于了解事物的复杂性和培养辩证思维、发散思维大有裨益;教师指导(或主导)作用的发挥可以为逻辑思维提供有力支持。

现代教育技术以其强大的教学功能和教学手段,通过直观、感官、联想、想象力等虚拟与现实相结合的教学情境,以人为主体的教学方式,通过发散思维、直觉思维、形象思维、逻辑思维和辩证思维的过程训练途径,达到培养学生创造性思维能力的目的,使之具有创新精神、创新思维和创新能力,成为适应 21 世纪科学技术发展需要的创新人才。

四、现代教育技术促进基础教育改革

信息时代促使学习方式从"学会"向"会学"转变。现代教育技术促进学习方式变革,提供创新的学习方法。新的教育观和学习方式的变化在现代教育技术的介入后产生了深刻的变革,尤其是计算机网络和多媒体技术渗透到教学当中,促使从 3R(读,Reading;写,Writing;算,Arithmetic)教育向 3T(技术运用,Technology;团队协作,Teaming;迁移能力,Transference)教育转变。现代教育技术丰富了课程资源建设的形式和内容,丰富了信息技术环境的建设和信息资源的建设。现代信息技术的运用使学习资源载体多样化、显示方式多媒体化、内容组织结构非线性化、资源传输网络化和共享化。因此,信息时代的资源具有高度的开放性和交互性,为学习方式的自主化、个性化、民主化提供了保障。现代教育技术变革了教学模式,各级各类学校在信息技术的支撑下,教学手段多媒体化,教学方法多样化,研究性课程、网络探究式教学成为教学创新的亮点。面对面同步式的教学,网络信息资源的共享和开放性改变了原有传统教育过程的结构,形成了"人—机—人"的教育模式,使教育的时空发生了变化,教育教学不再受限于狭小的空间。个别化学习和交互式远距离的异地授课成为可能,远程教育成为一种重要的教育方式。现代教育技术革新了教学管理与评价体系,发展了信息化的评价工具和评价软件,实现了评价的综合化、多元化、全面化。

五、现代教育技术促进教育均衡发展

互联网的出现,实现了人类智慧的联网,为教育提供了良好的条件和平台。人们可以利用互联网络和现代媒体,搜集、加工信息,实现现代教育和信息技术的整合,从而促进教育的均衡发展。

(1) 现代教育技术促进教育资源共享。传统的学校教育方式下,学习者只能享受本地、本校的教育资源。随着现代教育技术的发展,学习者可以通过无线广播网、有线电视网、网络教育平台和现代远程教育中心,获取异地、异校优秀的教育资源,实现教育资源的优质共享,这就弥补了本地、本校教育资源数量不足、质量不高的缺点,从而提高了教育的质量。

(2) 现代教育技术促进教育机会均衡。现代国民教育的根本任务是不断扩大人民接受良好教育的机会,这就要求教育更加公平,使每一个人都享有受教育的机会。传统的学校教育方式下,只有进入学校才能进行比较系统的学习,学习者如果失去了进入学校继续求学的机会就很难再获得平等的教育机会。如今则不然,由于互联网的介入,学习者可以通过远程教育开设的网络课程、MOOC 等,不受时空和地域的限制,获取接受各类教育的机会,方便快捷地获取知识信息。

(3) 现代教育技术优化教育过程。传统教师授课的单一教学方式被打破,学习者可以借助多媒体,自主地进行交互式学习。学生在课堂教学中没有解决的问题可以课后通过 BBS、E-mail 等方式与教师、同学进行对话交流,弥补教学过程中存在的各种缺陷和不足,从而提高学习质量和学习效率,保证每个受教育者都能得到和谐公平的发展。

(4)现代教育技术促进教育水平提高。教育整体水平的提高要求教育结果的相对平等,即学业成功的机会均等。由于教育资源、教育过程、教育机会、先天因素等方面存在不均衡,并非所有人经过教育后都能达到一个最基本的标准,获得学业上的成功,得到全面的发展。先天不足后天补,想通过学习获得预期教育水平的学习者,可以利用网络中的各种学习资源来弥补知识上的欠缺,缩小与标准水平的差距。

六、现代教育技术促进更高层次的教育公平

新一代信息技术包括通信网络、物联网、三网融合、新型平板显示、高性能集成电路和云计算、大数据等技术,其产业链之长、产业规模之大,远远超过以计算机技术、网络与通信技术为代表的第一代、第二代信息技术。运用新一代信息技术可实现更高层次的教育公平,通过建设以名师高清教学视频为核心的教学资源,促进教育模式的改变。名师资源是教育中最宝贵、最稀有的资源,高清摄像、编辑、传播设备的价格都已平民化,录播教室、录音笔等相应的技术已经普及,新一代信息技术为使用名师高清视频进行教学创造了条件,使面对面学习、全面了解教学信息和领略名师的风采成为可能。随着我国 2012 年正式启动教育信息化"三通两平台"的建设,宽带网络将连接到所有学校,并已逐渐进入寻常百姓家。

网络带宽允许高清视频的流畅播放,利用分布式存储,可有效地解决视频传输的问题,建立以物联网、增强现实为基础的虚实结合型资源。现代社会变化迅速,教学必须反映这种变化,教学内容要时代化、形象化、现实化,唯有如此才能让学生认识世界、感受时代、适应社会,从而更好地引领社会发展。由于我国地域差异大,经济和社会发展不平衡,如果让学生在学校学习时充分感知外部世界的先进技术、先进方法、先进文化等,与名师视频互为补充,就有可能实现用最先进手段支持的高层次教育公平。建构我国优质教学和学术信息资源大门户,云平台信息资源作为一种战略资源,是现代社会生产资料的基本要素。

通常在网络上查找资源是通过已知的网站或利用搜索引擎搜索关键词,两种方法都存在相当大的局限性。前者的局限性在于网站数量太多,无法浏览全部网站以获取相关资源;后者的局限性在于搜索得到的资源鱼龙混杂,要在海量搜索结果中找到自己所需的资源通常要花费大量时间甄别。建构深度聚合优质教学和学术信息资源的大门户云平台,就有可能从根本上解决这些问题。信息时代为实现教育公平提供了条件,我们必须站在时代的制高点上,因势利导地、创造性地利用现代教育技术。

思考与练习

1. 结合自身的学习经历,谈一谈教育技术的变革与发展。
2. 作为一名教师,如何利用信息技术更好地促进学生高阶思维能力的发展?

3. 要学会用辩证的眼光去看待和审视现代教育技术的作用和价值,那么在教学中,应用信息技术存在哪些弊端?

✦ 学习资源链接

1. AECT 官方网站.https://www.aect.org/.
2. 熊才平,汪学均.教育技术:研究热点及其思考[J].教育研究,2015,36(8): 98-108.
3. 陈雄辉.教育信息化:人的全面发展何以可能[J].电化教育研究,2012(6):12-15.
4. 南国农.我与电化教育:旧事追忆[J].课程·教材·教法,2014(10): 101-106.
5. 南国农.信息技术教育与创新人才培养[J].电化教育研究,2001(9): 14-17.
6. Spector J M,任友群,郑旭东.教育技术的历史[J].电化教育研究,2016(2): 116-124.
7. 李海峰,王炜,吴曦.AECT2017 定义与评析——兼论 AECT 教育技术定义的历史演进[J].电化教育研究,2018(8): 23-28.

第二章
现代教育技术理论基础

✎ 学习目标

1. 了解各种理论的基本观点。
2. 掌握各种理论之间的区别和联系。
3. 掌握各种理论对教育教学的启示和价值。

📋 主要内容

本章主要讲述支撑现代教育技术实践的重要理论基础，包括学习理论、教学理论、传播理论以及系统科学理论。学习掌握现代教育技术的相关重要理论，既有助于深度剖析常见的教育现象，也有利于从多个不同的视角创造性地解决教育教学问题。

◎ 知识结构

现代教育技术理论基础
- 学习理论
  - 行为主义学习理论
  - 认知主义学习理论
  - 建构主义学习理论
  - 联通主义学习理论
  - 人本主义学习理论
- 教学理论
  - 教育目标分类理论
  - 结构主义教学理论
  - 程序教学理论
  - 发展性教学理论
- 传播理论
  - 拉斯韦尔传播模型
  - 香农-韦弗模式
  - 贝罗传播模式
- 系统科学理论
  - 系统和系统方法
  - 系统科学的基本方法
  - 系统科学的基本理论

第一节 学习理论

学习理论简称"学习论",是说明人和动物学习的性质、过程和影响学习因素的各种学说。心理学家从不同的观点,采用不同的方法,根据不同的实验资料,提出了许多学习的理论。学习理论一般分为两大理论体系:刺激—反应(S-R)学习理论和认知主义学习理论。刺激—反应学习理论又称联想主义(或行为主义)学习理论,是继承英国联想心理学派的一种理论体系,哲学上受洛克经验论的影响。这派理论一般把学习看作刺激与反应之间联结的建立或习惯的形成,认为学习是自发的"尝试与错误"的过程。

一、行为主义学习理论

行为主义者认为,学习是刺激与反应之间的联结。他们的基本假设是:行为是学习者对环境刺激所做出的反应。他们把环境看成刺激,把伴随的有机体行为看作反应,认为所有行为都是习得的。行为主义学习理论应用在学校教育实践上,就是要求教师掌握塑造和矫正学生行为的方法,为学生创设一种环境,尽可能在最大限度上强化学生的合适行为,消除不合适行为。

(一) 桑代克的联结主义理论

爱德华·李·桑代克(Edward Lee Thorndike 1874—1949),美国心理学家,动物心理学的开创者,心理学联结主义的建立者和教育心理学体系的创始人。他提出了一系列学习的定律,包括练习律和效果律等。

桑代克的"迷笼实验"如下。

桑代克的实验对象是一只可以自由活动的饿猫。他把猫放入笼子,然后在笼子外面放上猫可以看见的鱼、肉等食物,笼子中有一个特殊的装置,猫只要一踏笼中的踏板,就可以打开笼子的门闩出来吃到食物。猫一开始被放进去以后,在笼子里上蹿下跳,无意中触动了机关,于是它就非常自然地出来吃到了食物。桑代克记录下猫逃出笼子所花的时间,然后又把它放进去,进行又一次尝试。桑代克认真地记录下猫每一次从笼子里逃出来所花的时间,他发现随着实验次数的增多,猫从笼子里逃出来所花的时间在不断减少。最后,猫几乎是一被放进笼子就去启动机关,即猫学会了开门闩这个动作。通过这个实验,桑代克认为,所谓的学习就是动物(包括人)通过不断地尝试形成刺激—反应联结,从而不断减少错误的过程。他将自己的观点称为"试误说"。桑代克的迷笼实验如图 2-1 所示。

桑代克根据自己的实验研究得出了三条主要的学习定律。

(1) 准备律。在进入某种学习活动之前,如果学习者做好了与相应的学习活动相关的预备性反应(包括生理的和心理的),学习者就能比较自如地掌握学习的内容。

(2) 练习律。对于学习者已形成的某种联结,在实践中正确地重复这种反应会有效

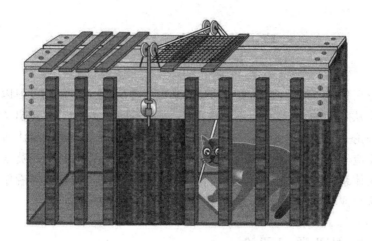

图 2-1 桑代克的迷笼实验

地增强这种联结。因此,就小学教师而言,重视练习中必要的重复是很有必要的。另外,桑代克也非常重视练习中的反馈,他认为简单机械的重复不会造成学习的进步,练习正确或错误的信息有利于学习者在学习中不断纠正自己的学习内容。

（3）效果律。学习者在学习过程中所得到的各种正或负的反馈意见会加强或减弱在学习者头脑中已经形成的某种联结。效果律是最重要的学习定律。桑代克认为,学习者学习某种知识以后,即在一定的结果和反应之间建立了联结,如果学习者遇到一种使他心情愉悦的刺激或事件,那么这种联结会增强,反之会减弱。他指出,教师尽量使学生获得感到满意的学习结果显得尤为重要。

（二）巴甫洛夫的经典条件反射理论

俄国著名的生理学家巴甫洛夫通过用狗作为实验对象,提出了广为人知的条件反射。巴甫洛夫的经典条件反射实验如图 2-2 所示。

图 2-2 巴甫洛夫的经典条件反射

（1）保持与消退。巴甫洛夫发现，在动物建立条件反射后继续让铃声与无条件刺激（食物）同时呈现，狗的条件反射行为（唾液分泌）会持续地保持下去。但当多次伴随条件刺激物（铃声）的出现而没有相应的食物时，则狗的唾液分泌量会随着实验次数的增加而自行减少，这便是反应的消退。教学中，有时教师及时的表扬会促进学生暂时形成某一良好的行为，但如果过了一段时间，当学生在日常生活中表现出良好的行为习惯而没有再得到教师的表扬，这一行为很有可能会随着时间的推移而逐渐消退。

（2）分化与泛化。在一定的条件反射形成之后，有机体对与条件反射物相类似的其他刺激也做出一定的反应的现象称作泛化。例如，刚开始学汉字的孩子不能很好地区分"未"与"末"，或"日"与"曰"。而分化则是有机体对条件刺激物的反应进一步精确化，那就是对目标刺激物加强保持，而对非条件刺激物进行消退。如在体育教学中，教师帮助学生辨别动作到位和不到位时的肌肉感觉，从而使动作流畅、有力。

（三）斯金纳的操作性条件作用理论

继桑代克之后，美国又一位著名的行为主义心理学家斯金纳用白鼠作为实验对象，进一步发展了桑代克的刺激—反应学说，提出了著名的操作条件反射。

斯金纳的迷箱实验如下。

与桑代克相类似的是，斯金纳也专门为实验设计了一个学习装置——"斯金纳箱"。箱子内部有一个操纵杆，只要饥饿的小白鼠按动操纵杆，它就可以吃到一颗食丸。开始的时候小白鼠是在无意中按下了操纵杆，吃到了食丸，但经过几次尝试以后，小白鼠"发现"了按动操纵杆与吃到食丸之间的关系，于是它会不断地按动操纵杆，直到吃饱为止。斯金纳把小白鼠的这种行为称为操作性条件反射或工具性条件反射。斯金纳与桑代克的主要区别在于：桑代克侧重于研究学习的 S-R 联结，而斯金纳则在桑代克研究的基础上进一步探讨小白鼠乐此不疲地按动操纵杆的原因——因为它每次按动操纵杆都会吃到食丸，斯金纳把这种会进一步激发有机体采取某种行为的程序或过程称为强化。凡是能增强有机体反应行为的事件或刺激称为强化物，导致行为发生的概率下降的刺激物称为惩罚。斯金纳的迷箱实验如图 2-3 所示。

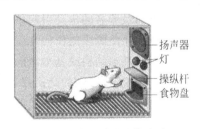

图 2-3 斯金纳的迷箱实验

斯金纳通过实验观察发现，不同的强化方式会引发小白鼠不同的行为反应，其中连续强化引发小白鼠按动操纵杆的行为最易形成，但这种强化形成的行为反应也容易消退。而间隔强化比连续强化具有更持久的反应率和更低的消退率。斯金纳在对动物研究的基础上，把有关成果推广运用到人类的学习活动中，主张在操作性条件反射和积极强化原理的基础上设计程序化教学，"把教材内容细分成很多的小单元，并按照这些单元的逻辑关系顺序排列起来，构成由易到难的许多层次或小步子，让学生循序渐进，依次进行学习"。在教学过程中，教师要积极应对学生做出的每一个反应，并对学生做出的正确反应予以正确的强化。

斯金纳按照强化实施以后学习者的行为反应，将强化分为正强化和负强化两种方式。正强化是指学习者受到强化刺激以后，加大了某种学习行为发生的概率。如由于教师表扬学生做出的正确行为,从而使学生以后能经常保持这种行为。负强化是指教师对学习者消除某种讨厌刺激以后,学习者的某种正确行为发生的概率增加。如教师取消全程监控的方式以后,学生良好的学习习惯能够保持。

二、认知主义学习理论

认知主义又名认知学派,是一种学习理论,与行为主义学派的理论相对。认知学派认为学习者通过认知过程(Cognitive Process),把各种资料加以储存及组织,形成知识结构(Cognitive Structure)。认知主义源于格式塔心理学派,这个学派认为学习是人们通过感觉、知觉得到的,是由人脑主体的主观组织作用而实现的,并提出学习是依靠顿悟,而不是依靠尝试与错误来实现的观点。该理论关于"学习"的观点是:关于学习的心理现象,否定刺激(S)与反应(R)的联系是直接的、机械的。该学派的代表人物有皮亚杰、布鲁纳、奥苏贝尔、托尔曼和加涅。

(一)布鲁纳的"认知—发现说"

20世纪60年代美国最有影响的认知学派代表人物布鲁纳(Jerome Seymour Bruner)接受并发展了皮亚杰的发生认识观点,提出"认知—发现说"。在布鲁纳看来,学生的心理发展,虽然有些受环境的影响,并影响他的环境,但主要是独自遵循他特有的认识程序的。教学是要帮助或形成学生智慧或认知的生长。他认为,教育工作者的任务是要把知识转换成一种适应正在发展着的学生形式,而表征系统发展的顺序,可作为教学设计的模式。由此他提倡使用发现学习的方法。

1. 发现学习的例证

布鲁纳最著名的也是引起争议最多的论点是:"任何学科都可以用理智上忠实的形式教给任何年龄阶段的任何儿童。"所谓"理智上忠实的形式",是指适合学生认知发展水平的学科的基本结构或基本概念和基本原理,而发现学习是一种最佳的学习方式。

举例来说,代数中的交换律、分配律和结合律等,是代数这门学科的基本结构,小学低年级学生完全能够掌握这些最基本的原理。事实上,儿童在幼儿园玩跷跷板时就知道,如果对方比自己重,自己就得往后移;如果对方比自己轻,就得往前移,否则就不可能玩跷跷板。

2. 发现学习的特征及其教学策略

(1)强调学习过程。在教学过程中,学生是一个积极的探究者。教师的作用是要形成一种学生能够独立探究的情境,而不是提供现成的知识。教一门学科不是要建造一个活着的小型藏书室,而是要让学生自己去思考,参与知识获得的过程。"认识是一个过程,而不是一种产品。"布鲁纳强调的是,学生不是被动的、消极的知识接受者,而是主动的、积极的知识探究者。

(2)强调直觉思维。除了注重学习过程之外,发现法还强调学生直觉思维在学习上的重要性。布鲁纳认为,直觉思维与分析思维不同,它不根据仔细规定好了的步骤,而是采取跃进、越级和走捷径的方式来进行思维。大量事实都表明,直觉思维对科学发现活动极为重要。直觉思维的形成过程一般不是靠言语信息,尤其不靠教师指示性的语言文字。直觉思维的本质是映像或图像性的。所以,教师在学生的探究活动中要帮助学生形成丰富的想象,防止过早语言化。与其指示学生如何做,不如让学生自己试着做,边做边想。

（3）强调内在动机。在学生的学习动机方面,布鲁纳重视的是形成学生学习的内部动机,或把外部动机转化为内部动机。而发现活动有利于激励学生的好奇心。学生容易受好奇心的驱使,对探究未知的结果表现出兴趣。所以布鲁纳把好奇心称为"学生内部动机的原型"。布鲁纳认为,与其让学生把同学之间的竞争作为主要动机,还不如让学生向自己的能力提出挑战。所以,他提出要形成学生的能力动机(Competence Motivation),就是使学生有一种求得才能的驱动力。通过激励学生提高自己才能的欲求,从而提高学习的效率。

（4）强调信息提取。布鲁纳认为,人类记忆的首要问题不是贮存,而是提取。尽管这从生物学上来讲未必可能,但现实生活要求学生这样。因为学生在贮存信息的同时,必须能在没有外来帮助的情况下提取信息。在一项实验中,布鲁纳让一些学生学习 30 对单词,要求一组学生记住单词,以后要复述;要求其他学生把每对单词造成句子。结果发现,后者能复述其中的 95%,而第一组学生的回忆量不到 50%。所以,学生如何组织信息,对提取信息有很大影响。学生亲自参与发现事物的活动,必然会用某种方式对它们加以组织,从而对记忆具有较好的效果。

（二）奥苏贝尔的认知同化学习理论

奥苏贝尔,美国著名学者,在理论医学、临床医学、精神病理学和心理学等领域都有研究。奥苏贝尔的认知同化学习理论认为,影响学习的最重要因素是学生已有的认知结构,他强调学生的学习应该是有意义地接受学习,这种学习是通过新知识与学生认知结构中的有关观念相互作用而进行的,其结果是新旧知识意义的同化。

认知同化学习理论的重要观点如下。

1. 意义学习

在奥苏贝尔看来,学生的学习如果想要有价值,应该尽可能地有意义。为此,他仔细区分了接受学习与发现学习、意义学习与机械学习之间的关系。

（1）接受学习与发现学习。在接受学习中,学习的主要内容基本上是以定论的形式传授给学生的。对学生来讲,学习不包括任何发现,只要求他们把教学内容加以内化(即把它结合进自己的认知结构之内),以便将来能够再现或派作他用。发现学习的基本特征是,学习的主要内容不是现成地给予学生的,而是在学生内化之前,必须由他们自己去发现这些内容。所以,发现学习只是比接受学习多了前面一个阶段——发现,其他没有什么不同。

（2）意义学习与机械学习。通常认为,接受学习必然是机械的,发现学习必然是有意义的。但奥苏贝尔不这样认为。在他看来,无论是接受学习还是发现学习,都有可能是机械的,也都有可能是有意义的。

奥苏贝尔认为,意义学习有两个先决条件:其一,学生表现出一种意义学习的心向,即表现出一种在新学的内容与自己已有的知识之间建立联系的倾向;其二,学习内容对学生具有潜在意义,即能够与学生已有的知识结构联系起来。任何学习,只要符合上述两个条件,都是意义学习。奥苏贝尔认为,在学校课堂教学中,主要应采用意义接受学习,尤其是言语意义接受学习。

2. 认知结构在意义学习和讲授教学中的作用

奥苏贝尔认为,当学生把教学内容与自己的认知结构联系起来时,意义学习便发生了。所以,影响课堂教学中意义接受学习的最重要的因素,是学生的认知结构。所谓认知结构,就是指学生现有知识的数量、清晰度和组织方式,它是由学生眼下能回想出的事实、概念、命题、理论等构成。因此,要促进新知识的学习,首先要增强学生认知结构中与新知识有关的观念。从安排学习内容这个角度来讲,要注意两个方面:一要尽可能先传授学科中具有最大包摄性、概括性和最有说服力的概念和原理,以便学生能对学习内容加以组织和综合。二要注意渐进性,也就是说,要使用安排学习内容顺序最有效的方法;构成学习内容的内在逻辑;组织和安排练习活动。

3. 学习原则

奥苏贝尔根据他的认知同化学习理论提出了以下三个重要的学习原则。

(1) 逐渐分化原则。即学生首先应该学习最一般的、包摄性最广的观念,然后根据具体细节对它们逐渐加以分化。

(2) 整合协调的原则。指如何对学生认知结构中现有要素重新加以组合。

(3) 先行组织者原则。先行组织者是指先于学习任务本身呈现的一种引导性材料,它要比学习任务本身有较高的抽象、概括和综合水平,并且能够清晰地与认知结构中原有的观念和新的学习任务关联。也就是说,通过呈现"组织者",给学习者已知的内容与需要知道的内容之间架设一道知识之桥,使其能更有效地学习新内容。

4. 认知同化学习理论的认知同化过程

有意义学习的内部心理机制是同化,同化实质上是新知识通过与已有认知结构中起固定作用的知识或观念之间的相互作用。

根据新旧观念的概括水平及其联系方式不同,划分了三种同化模式。

(1) 下位学习。当认知结构中的原有观念在包摄和概括水平上高于新观念时,新旧观念(或知识)之间构成类属关系,或称为下位关系。这种新旧知识之间的相互作用过程称为"下位学习"。

(2) 上位学习。当学习者的认知结构中已经形成了几个概念,新的学习要在几个原有概念的基础上设置一个包摄性更广、概括水平更高的概念或命题时,就产生"上位学习"。

(3) 并列结合学习。当新的知识与认知结构中的原有的观念既不能产生类属关系,又不能产生上位关系,而只是并列关系,这种学习称为并列结合学习。

(三) 加涅的信息加工学习理论

加涅的信息加工模型如图 2-4 所示。

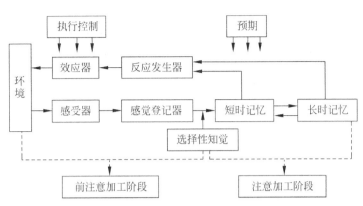

图 2-4 加涅的信息加工模型

1. 信息流

图 2-4 表示的是信息从一个假设的结构流到另一个假设的结构中的过程。首先,学生从环境中接受刺激,刺激推动感受器,并转变为神经信息。这个信息进入感觉登记,这是非常短暂的记忆储存,一般在百分之几秒内就可以把来自各感受器的信息登记完毕。有些部分登记了,其余部分很快就消逝了,这涉及注意或选择性知觉的问题。

被视觉登记的信息很快进入短时记忆,信息在这里可以持续二三十秒。短时记忆的容量很有限,一般只能储存七个左右的信息项目。一旦超过这个数目,新的信息进来,就会把部分原有信息赶走。如果想要保持信息,就要采取复述的策略。但复述只能有利于保持信息以便进行编码,并不能增加短时记忆的容量。

所谓编码,不是把有关信息收集在一起,而是用各种方式把信息组织起来。信息是经编码形式储存在长时记忆中的。一般认为,长时记忆是个永久性的信息储存库。

当需要使用信息时,需经过检索提取信息。被提取出来的信息可以直接通向反应发生器,从而产生反应,也可以再回到短时记忆,对该信息的合适性做进一步的考虑,结果可能是进一步寻找信息,也可能是通过反应发生器做出反应。

2. 学习阶段与教学设计

从学习的信息加工模式中可以看到,学习是学生与环境之间相互作用的结果。学习过程是由一系列事件构成的。加涅认为,每个学习动作可以分解成八个阶段。如图 2-5 所示为学习阶段与教学事件分布。左边是学习阶段,该阶段包含八个主要学习过程;右边是教学事件。这样,学生内部的学习过程一环接一环,与此相应的学习阶段把这些内部过程与构成教学的外部事件联系起来。

(1) 动机阶段

有效的学习必须要有学习动机,这是整个学习的开始阶段。动机的形式多种多样,在教育教学情境中,首先要考虑的是激发学生进行学习活动的动机,即学生力图达到某种目的的动机。它是借助于学生内部产生的心理期望过程而建立起来的。期望就是指学生对完成学习任务后将会得到满意结果的一种预期,它可以为随后的学习指明方向。

但是,在有些场合下,学生最初并没有被达到某种目的的诱因所推动,这时就要帮助学生确立学习动机,形成学习期望。理想的期望只有通过学生自己的体会才能形成,而不

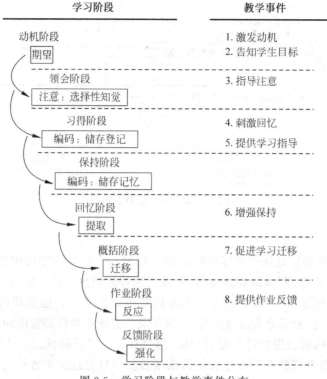

图 2-5　学习阶段与教学事件分布

能仅仅通过教师告诉学生学习的结果来形成。因此,为了使学生形成理想的期望,在学生实际获得某种知识和技能之前,应先做出安排使学生达到某种目标,以便向学生表明他们能够达到预期的目标。

(2) 领会阶段

有了学习动机的学生,首先必须接受刺激,即必须注意与学习有关的刺激,而无视其他刺激。当学生把所注意的刺激特征从其他刺激中分化出来时,这些刺激特征就被进行知觉编码,储存在短时记忆中。这个过程就是选择性知觉。

为了使学生能够有效地进行选择性知觉,教师应采用各种手段来引起学生的注意,如改变讲话的声调、手势、动作等;同时,外部刺激的各种特征本身必须是可以被分化和辨别的。学生只有对外部刺激的特征做出选择性知觉后,才能进入其他学习阶段。

(3) 习得阶段

当学生注意或知觉外部情境之后,即可获得知识。而习得阶段涉及的是对新获得的刺激进行知觉编码后储存在短时记忆中,然后再把它们进一步编码加工后转入长时记忆中。

在短时记忆中暂时保存的信息,与被直接知觉的信息是不同的。在这里,知觉信息已被转化成一种最容易储存的形式,这种转化过程被称为编码过程。当信息进入长时记忆时,信息又要经历一次转换,这一编码的目的是为了保持信息。如用某种方式把刺激组织起来,或根据已经习得的概念对刺激进行分类,或把刺激简化成一些基本原理,这些都会有助于信息的保持。在此过程中,教师可以给学生提供各种编码程序,鼓励学生选择最佳的编码方式。

（4）保持阶段

学生习得的信息经过复述、强化后，以语义编码的形式进入长时记忆储存阶段。对于长时记忆，人类至今了解不深，但有几点目前是清楚的：第一，储存在长时记忆中的信息，其强度并不随时间进程而减弱，如七八十岁的老人回忆孩提时的事情往往比当天的事情更清楚；第二，有些信息因长期不用会逐渐消退，如一个人已习得的外语单词会因经常不用而遗忘；第三，记忆储存可能会受干扰的影响，新旧信息的混淆往往会使信息难以提取。因此，如果教师能对学习条件做适当安排，避免同时呈现十分相似的刺激，可以减少干扰的可能性，从而提高信息保持的程度。

（5）回忆阶段

学生习得的信息要通过作业表现出来，信息的提取是其中必需的一环。相对其他阶段而言，回忆或信息提取阶段是最容易受外部刺激的影响。教师可以利用各种方式使学生得到提取线索，这些线索可以增强学生的信息回忆量。但作为教师，最重要的是指导学生，使他们为自己提供线索，从而成为独立的学习者。所以，对于教学设计来说，通过外部线索激活提取过程固然重要，但更重要的是使学生掌握为自己提供线索的策略。

（6）概括阶段

学生提取信息的过程并不始终是在与最初学习信息时相同的情境中进行的。同时，教师也总是希望学生能把学到的知识运用于各种类似的情境中，以达到举一反三的目的。因此，学习过程必然有一个概括的阶段，也就是学习迁移的问题。为了促进学习的迁移，教师必须让学生在不同情境中学习，并给学生提供在不同情境中提取信息的机会；同时，更为重要的是，要引导学生概括和掌握其中的原理和原则。

（7）作业阶段

一个完整的学习过程需要有作业阶段似乎是不言而喻的，因为只有通过作业才能反映学生是否已习得了所学的内容。作业的一个重要功能是获得反馈；同时，学生通过作业看到自己学习的结果，可以获得一种满足。

当然，作业主要是给教师看的。一般来说，仅凭一次作业是很难对学生的学习情况做出判断的，有些学生可能碰巧做得很好，有些学生则可能碰巧做得不理想，因此教师需要几次作业才能对学生的学习状况做出判断。

（8）反馈阶段

当学生完成作业后，他马上意识到自己已经达到了预期的目标。这时，教师应给予反馈，让学生及时知道自己的作业是否正确，从而强化其学习动机。当然，强化在学习过程中之所以起作用，是因为学生在动机阶段形成的期望在反馈阶段得到了肯定。

教师在提供反馈时，不仅可以通过"对""错""正确"或"不正确"等词汇来表达，而且可以使用点头、微笑等许多微妙的方式反馈信息。同时，反馈并不总是需要外部提供的，它也可以从学生内部获得，即进行自我强化。例如，学生可以根据已经学过的概念、规则，知道自己的答案是否正确。

总之，加涅认为教师是教学活动的设计者和管理者，也是学生学习效果的评定者。一个完整的学习过程由上述八个阶段组成。在每个学习阶段，学习者的头脑内部都进行着信息加工活动，使信息由一种形态转变为另一种形态，直到学习者用作业的方式做出反应为止。教学程序必须根据学习的基本原理来进行。在学习结果(即言语信息、认知策略、智慧技能、动作技能、态度)确定之后,它们必须按照教学工作目标的适当顺序安排。有效的教学要求教师根据学生的内部学习条件,创设或安排适当的外部条件,促进学生有效地学习,以实现预期的教学目标。

三、建构主义学习理论

建构主义源自皮亚杰关于儿童认知发展的理论,由于个体的认知发展与学习过程密切相关,因此利用建构主义可以比较好地说明人类学习过程的认知规律,即能较好地说明学习如何发生、意义如何建构、概念如何形成,以及理想的学习环境应包含哪些主要因素等。

(一)基本观点

1. 知识观

建构主义认为,知识不是对现实的纯粹客观的反映,只不过是人们对客观世界的一种解释、假设或假说,将随着人们认识程度的深入而不断地变革、深化,出现新的解释和假设。

在具体问题的解决中,需要针对具体问题的情境对原有知识进行再加工和再创造。另外,尽管语言赋予了知识一定的外在形式,并且获得了较为普遍的认同,但这并不意味着学习者对这种知识有同样的理解。因为对知识的理解,还需要个体基于自己的知识经验而建构,还需要取决于特定情境下的学习历程。

2. 学习观

建构主义认为,学习是获取知识的过程,知识不是通过教师传授得到,而是学习者在一定的情境,即社会文化背景下,借助其他人(包括教师和学习伙伴)的帮助,利用必要的学习资料,通过意义建构的方式而获得。因此,建构主义学习理论认为,"情境""协作""会话"和"意义建构"是学习环境中的"四大要素"或"四大属性"。

3. 教学观

教学不能无视学习者已有的知识经验,不能简单地、强硬地从外部对学习者实施知识的"填灌",而是应该把学习者原有的知识经验作为新知识的生长点,引导学习者从原有的知识经验中,主动建构新的知识经验。教学不是知识的传递,而是知识的处理和转换。教师与学生、学生与学生之间,需要共同针对某些问题进行探索,并在探索的过程中相互交流和质疑。

(二)建构主义的教学模式

建构主义学习理论中教师、学生、教材和媒体四要素,各自有完全不同的作用,彼此之间有完全不同的关系。但是这些作用与关系也是非常清楚、非常明确的,因而成为教学活动进程的另外一种稳定结构形式,即建构主义学习环境下的教学模式。到目前为止,应用较为广泛的建构主义教学模式有以下几种。

1. 脚手架教学

脚手架教学应当为学习者建构对知识的理解提供一种概念框架。这种框架中的概念是为学习者对问题的进一步理解所需要的,为此,事先要把复杂的学习任务加以分解,以便于把学习者的理解逐步引向深入。建构主义者借用建筑行业中的"脚手架"作为上述概念框架的形象比喻,其实质是利用上述概念框架作为学习过程中的脚手架。这一模式的教学主要由搭脚手架、进入情境、独立探索、合作学习和效果评价等环节组成。

2. 抛锚式教学

抛锚式教学要求建立在有感染力的真实事件或真实问题的基础上,这类真实事件或真实问题被形象地比喻为"抛锚"。建构主义认为,学习者要想完成对所学知识的意义建构,即达到对该知识所反映事物的性质、规律以及该事物与其他事物之间联系的深刻理解,最好的办法是让学习者到现实世界的真实环境中去感受、去体验(即通过获取直接经验来学习),而不是聆听教师关于这种经验的介绍和讲解。由于抛锚式教学要以真实事件或真实问题为基础(作为"锚"),所以有时也被称为"实例式教学"或"基于问题的教学"。抛锚式教学由创设情境、确定问题、自主学习、合作学习和效果评价等环节组成。

3. 情境性教学

建构主义提倡情境性教学。首先,这种教学应使学习在与现实情境相类似的情境中发生,以解决学生在现实生活中遇到的问题为目标。学习的内容要选择真实性任务,不能对其做过于简单化的处理而使其远离现实的问题情境。其次,这种教学的过程与现实的问题解决过程相类似,所需要的工具往往隐含于情境当中。教师并不是将提前已准备好的内容教给学生,而是在课堂上展示出与现实中专家解决问题相类似的探索过程,提供解决问题的原型,并指导学生的探索。最后,情境性教学不需要独立于教学过程的测验,而是采用融合式测验,在学习中对具体问题的解决过程本身就反映了学习的效果,或者进行与学习过程一致的情境化的评估。

4. 随机进入教学

在教学中要注意对同一教学内容要在不同的时间、不同的情境下,为不同的教学目的,用不同的方式加以呈现。换句话说,学习者可以随意通过不同途径、不同方式进入同样的教学内容,从而获得对同一事物或同一问题的多方面的认识与理解,这就是所谓"随机进入教学"。

四、联通主义学习理论①

(一)联通主义学习理论的产生

网络技术与连接的建立作为学习活动开始将学习理论引入数字时代。西蒙斯认为Web 2.0技术已经改变了学习面貌,传统学习理论的三大支柱(行为主义、认知主义和建构主义)已经不再适合描述如何利用这些工具来促进学习。

---

① 程璐楠. E-learning时代的学习理论——联通主义[J]. 中国国际财经(英文版),2016(19):35-38.

首先,在对学习的理解上,我们已经有了更新、更深层次、更适用于现代社会的解释。因为随着学习科学中脑科学、社会化学习理论的发展,我们对学习的行为和过程也都有了新的理解。

其次,知识增长的速度已不再是传统学习理论所能容纳的。大多数人在自己的日常生活中都能感受到如今知识的快速发展和更新换代。加利福尼亚大学伯克利分校的研究表明近几年信息增长已经达到了 75% 的增速。

再次,技术的发展也要求新的学习理论的发展。如今的技术是移动式的、侵入式的、泛在式的,对知识产生和传递过程的辅助功能更加完善,同时对如何管理、组织知识也增加了更多的复杂性,这些都需要新的学习理论的支撑和指导。

最后,新一代学生的期望也是新的学习理论的一个要求。如今学生的学习方式变得更加多元化,他们更适应游戏化、移动设备、即时消息、在线社会网络方式等新型学习方式。这些也都需要在新的学习理论中有所体现,并展示出来。由此,西蒙斯教授在 *Connectivitism: a Learning Theory for the Digital Age* 一文中提出了联通主义思想,指出学习不再是一个人的活动,学习是连接专门节点和信息源的过程,分析并扩展了现有的学习理论框架。

(二) 联通主义理论体系

联通主义在发展过程中,随着以西门子和道恩斯为代表的学者的不断阐释和辩论,其理论体系也在不断地完善和更新。

1. 知识观

按照联通主义,网络时代信息节点之间的联结(如网络)构成了知识。知识的存在是一种动态的网络,时刻在被创造、修改和传播。道恩斯认为,除了传统意义上的定量知识和定性知识之外,还存在第三种类型的知识,即分布式知识,这也正是联通主义想要强调和解释的知识类型。知识是分布在信息网络之中的,以各种各样的数字化形式存储着。

更确切地说,联通主义中的知识就是由学习者活动和经历所形成的联结的集合。它一部分可能会存在于人类的语言结构体中,但并不局限于语言本身。道恩斯进一步解释道,在联通主义中,并不存在纯粹意味的知识转移、知识生成或知识构建,那些为了学习、实践而正在进行的活动更像是以一种联结的方式发展我们自身和社会,而不只是为了获得知识。

2. 学习观

联通主义认为,学习不仅会发生在认知领域,也会发生在情感领域,人们的认知和情感态度都会影响学习过程。随着信息时代的快速发展,知识半衰期不断缩短,学习内容的有效性和准确性也时常处于变化中,这就使得一个人对某一个事物的理解,以及他理解这个事物的能力都会随之而变化。在联通主义中,学习者获取知识的能力比当前掌握的知识本身更重要,这些能力包括对前沿信息的搜索能力和过滤次要信息、无关信息的筛选能力。同时通过掌握的信息来做出决策的能力也被认为是学习过程的一部分。构建网络并在这些网络中来回移动的能力就构成了学习活动。

3. 共同体观

共同体是西门子和道恩斯在解释联通主义时除了知识、学习以外强调的第三个理论要素。在联通主义模型中，一个学习群体（共同体）可以被描述为一个节点，由这些单独的节点可以构成一个更大的网络。这个节点是一种广义上的概念，它由网络中一个个学习者之间小的联系点而产生。而网络是由两个或两个以上这样的节点为了分享资源而构成。节点，也就是共同体的规模大小和影响力是不同的，取决于这个学习群体中的成员数量以及信息的集中程度。

作为网络的一种共同体有四个原则要求。首先，共同体必须是多元的，也就是说组成这个共同体的成员拥有不同的身份特征和多样化的学习经历、生活体验。其次，共同体需是开放的，属于这个共同体的成员可以流动，允许在不同的网络节点之中移动，同时也可以接受来自其他节点的知识输入和人员输入。再次，共同体必须有自主权，每一个群体成员都有自己的权利，不管是获得知识的权利、选择知识的权利、进入节点的权利，还是退出节点的权利，这都是由个人自主决定的。最后，这个共同体区别于一般团体的最大特征是互动性。知识的产生需要互动，只通过简单的分享，是不能够帮助学习者构建自己的知识体系的。成员之间的持续互动和有效互动是共同体形成和维护的必然要求。

4. 教学观

技术的发展以及网络普及应用的指数型增长，伴随着 Web 2.0 工具的应用和移动环境的介入，教育结构、教育组织都出现了新的变化。人们通过现实生活中的人际关系映射，在虚拟空间建立起来的关系网络不仅能够提供专业的知识和资源，也可以产生各种不同身份的学习指导者。学习者真正成为学习活动的中心，有权利自主决定学习的内容，选择不同类型的交互工具与可选的学习同伴或者指导者之间进行交流。他决定着自身学习活动的参与者。联通主义认为，学习是发生在共同体之中的，其本质就是学习者和共同体中其他成员之间的对话。而这也体现出群体中的所有成员之间关系都是平等的，并不区分教师和学生的角色。在不同的知识领域中，教师也可以成为学习者，教师和学生的身份不是一成不变的。

教师的角色不仅会改变，甚至还有可能会消失。学习者可以从一个由教师和组织机构所控制的学习环境，自由跳转到一个由自己自主掌控的学习环境。在这个学习环境中，他们仍然通过关系网的联系，发现所需要的信息，与学习同伴进行互动，进行知识构建。这样，他们个人的兴趣和爱好成为他们学习活动投入程度的决定因素，而不再受教师或者组织机构的意愿所控制。

然而，这并不意味着学习活动再也不需要专业指导者的参与。专业指导者的参与能够帮助学习者明确所需搜集的信息内容以及信息来源，更快地找到信息，并完成信息的筛选和过滤工作。同时，学习同伴还能够通过一系列交互活动进行专业知识的沟通和交流，一起构建知识，形成对学习内容和资源的正确理解。与传统学习不同的是，专业指导者以及学习同伴的选择对于学习者来说是可控的，同时他们对个人学习活动能够产生的影响也是可控的。对于教师来说，他们需要适应角色作用的转变，学会只充当一个学习指导者的角色，不过分参与到学生的学习活动中，而是需要充分利用社会环境、关系网络、群体氛围、同伴互动等学习活动要素，来辅助学习者的自主学习，构建他们个人的自主学习环境。

五、人本主义学习理论

人本主义于 20 世纪五六十年代在美国兴起,七八十年代迅速发展,它既反对行为主义把人等同于动物,只研究人的行为,不理解人的内在本性,又批评弗洛伊德只研究神经症和精神病人,不考察正常人心理,因而被称为心理学的第三种运动。

人本学派强调人的尊严、价值、创造力和自我实现,把人的本性的自我实现归结为潜能的发挥,而潜能是一种类似本能的性质。人本主义最大的贡献是看到了人的心理与人的本质的一致性,主张心理学必须从人的本性出发研究人的心理。

该学派的主要代表人物是马斯洛(Abraham H. Maslow,1908—1970)和罗杰斯(Carl Ramsom Rogers,1902—1987)。马斯洛的主要观点是:对人类的基本需要进行了研究和分类,将之与动物的本能加以区别,提出人的需要是分层次发展的;按照追求目标和满足对象的不同把人的各种需要从低到高安排在一个层次序列的系统中,最低级的需要是生理的需要,这是人要优先满足的需要。罗杰斯的主要观点是:在心理治疗实践和心理学理论研究中发展出人格的"自我理论",并倡导"患者中心疗法"的心理治疗方法。人类有一种天生的"自我实现"的动机,即一个人发展、扩充和成熟的趋力,它是一个人最大限度地实现自身各种潜能的趋向。

(一)马斯洛需求层次理论

马斯洛理论把需求分成生理的需求(Physiological Needs)、安全的需求(Security Needs)、社交的需求(Social Needs)、尊重(Esteem Needs)和自我实现的需求(Self-actualization Needs)五类,依次由较低层次到较高层次排列。在自我实现的需求之后,还有自我超越的需求(Self-transcendence Needs),但通常不作为马斯洛需求层次理论中必要的层次,大多数会将自我超越合并至自我实现的需求中。马斯洛需求层次理论模型如图 2-6 所示。

图 2-6 马斯洛需求层次理论模型

通俗地理解马斯洛需求层次:假如一个人同时缺乏食物、安全、爱和尊重,通常对食物的需求是最强烈的,其他需求则显得不那么重要。此时人的意识几乎全被饥饿所占据,所有能量都被用来获取食物。在这种极端情况下,人生的全部意义就是吃,其他什么都不重要。只有当人从生理需求的控制下解放出来时,才可能出现更高级的、社会化程度更高的需求,如安全的需求。

(二)罗杰斯的自由学习理论

对于有意义学习,罗杰斯认为主要具有如下四个特征。

(1) 全神贯注:整个人的认知和情感均投入学习活动中。
(2) 自动自发:学习者由于内在的愿望主动去探索、发现和了解事件的意义。
(3) 全面发展:学习者的行为、态度、人格等获得全面发展。
(4) 自我评估:学习者自己评估自己的学习需求、学习目标是否完成等。因此,学习能对学习者产生意义,并能纳入学习者的经验系统之中。

总之,"有意义的学习结合了逻辑和直觉、理智和情感、概念和经验、观念和意义。若我们以这种方式来学习,便会变成统整的人。"

罗杰斯认为,促进学生学习的关键不在于教师的教学技巧、专业知识、课程计划、视听辅导材料、演示和讲解、丰富的书籍等(虽然这中间的每一个因素有时均可作为重要的教学资料),而在于特定的心理气氛因素,这些因素存在于"促进者"与"学习者"的人际关系之中。那么,促进学习的心理气氛因素有哪些呢?罗杰斯认为,这与心理治疗领域中咨询者对咨客(患者)的心理气氛因素是一致的,包括三个因素。真实或真诚:学习的促进者表现真我,没有任何矫饰、虚伪和防御;尊重、关注和接纳:学习的促进者尊重学习者的情感和意见,关心学习者的方方面面,接纳作为一个个体的学习者的价值观念和情感表现;移情性理解:学习的促进者能了解学习者的内在反应,了解学生的学习过程。在这样一种心理气氛下进行学习,是以学生为中心的,"教师"只是学习的促进者、协作者或伙伴、朋友,"学生"才是学习的关键,学习的过程就是学习的目的之所在。

总之,罗杰斯等人本主义心理学家从自然人性论、自我实现论及其"患者中心"出发,在教育实践中倡导以学生经验为中心的"有意义的自由学习",对传统的教育理论造成冲击,推动了教育改革运动的发展。这种冲击和促进主要表现在:突出情感在教学活动中的地位和作用,形成一种以知情协调活动为主线、以情感作为教学活动的基本动力的新的教学模式;以学生的"自我"完善为核心,强调人际关系在教学过程中的重要性,认为课程内容、教学方法、教学手段等都维系于课堂人际关系的形成和发展;把教学活动的重心从教师引向学生,把学生的思想、情感、体验和行为看作教学主体,从而促进个别化教学运动的发展。不过,罗杰斯对教师作用的否定是不正确的,是言过其实的。

第二节 教 学 理 论

一、教育目标分类理论

布鲁姆受到行为主义和认知心理学的影响,在 20 世纪 50 年代,他领导一个委员会对教育目标进行系统地分类研究后,将教育目标分为认知、情感和动作技能三个领域,并从实现各领域的最终目标出发,确定了一个细化目标的程序。

(一) 认知领域教育目标

20世纪50年代,本杰明·布鲁姆提出一个教育目标分类框架。这个框架把思维学习分为六个层次,自低到高依次是记忆、理解、应用、分析、评价、创新。布鲁姆认知目标分类如图2-7所示。

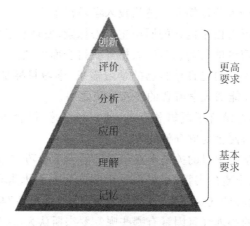

图 2-7　布鲁姆认知目标分类理论

(二) 情感领域教育目标

依据价值内化的程度分为接受、反应、价值化、组织、价值体系个性化形成五级。

(三) 动作技能领域教育目标

布鲁姆并没有编写出动作技能领域的目标分类,这个领域出现了好几种分类法,目前尚无公认的最好的分类,这里介绍的是辛普森(E. J. Simpson)的分类。他把动作技能领域的教育目标,分为知觉、定向、有指导的反应、机械动作、复杂的外显反应、适应、创新七级。动作技能的各个层次,也均有各自的一般目标,这些目标可以用一些特殊学习结果和行动的动词来表示。

二、结构主义教学理论

布鲁纳是一个结构主义者,他深受结构主义心理学家皮亚杰的影响,他的教学理论无论从思想和内容上都与皮亚杰有密切关系,是在吸取和发展皮亚杰心理学研究成果的基础上建立起来的。他的理论不仅提出了学(教)什么、什么时候学(教)、怎样教(学)等问题,而且在结构主义思想的指导下,对这些问题做了使人比较满意的回答,提出了基础学科早期学习,掌握学科的基本结构,广泛应用发现法等主张。

(一) 布鲁纳论教学原理

布鲁纳在《教育过程》一书中提出发现学习的理论。这种方法要求学生在教师的认真指导下,能像科学家发现真理那样,通过自己的探索和学习"发现"事物变化的因果关系及其内在联系,形成概念,获得原理。发现学习以培养探究性思维的方法为目标,以基本教材为内容,使学生通过再发现的步骤来进行学习。发现学习以布鲁纳的认知心理学学习理论为基础,认为学习是建立一种认知结构,相当于我们所说的主观世界,头脑中经验系统的构成。建立认知结构是一种能动的主观活动,具有主观能动性。所以,布鲁纳格外重视主动学习,强调学生自己思索、探究和发现事物。发现学习的特点有再发现、有指导的发现和以培养探究性思维为目标。发现学习的优点有基本智慧潜力、激发学习的内部动机、掌握探索的方法、有助于记忆的保持。

（二）发现学习教学模式

发现学习的教学模式有四种。
（1）带着问题观察具体事实。
（2）建立假设。
（3）形成抽象概念：组织讨论和求证,以形成结论,提炼一般性原理或规律。
（4）把原理应用到新的情境中：运用于实际,接受检验和评价的过程,也是运用知识,提高分析和解决问题能力的过程。

（三）发现学习的保障措施

发现学习的保障措施有三个。
（1）以掌握学科基本结构为内容,精选教材。
（2）教师讲授基本原理,引导学生探索,并诱发和保持学生探索的积极性。
（3）保持师生的协作关系。

三、程序教学理论

所谓程序教学,是指将各门学科的知识按其中的内在逻辑联系分解为一系列的知识项目,这些知识项目之间前后衔接,逐渐加深,然后让学生按照由知识面项目的顺序逐个学习每一项知识,伴随每个知识项目的学习,及时给予反馈和强化,使学生最终能够掌握所学的知识,达到预定的教学目的。可见,精心设置知识项目序列和强化程序是程序教学能否成功的关键所在。

程序教学的教学原则如下。

1. 积极反应原则

一个程序教学过程,必须使学生始终处于一种积极学习的状态。也就是说,在教学中使学生产生一个反应,然后给予强化或奖励,以巩固这个反应,并促使学习者做进一步反应。

2. 小步子原则

程序教学所呈示的教材是被分解成一步一步,前一步的学习为后一步的学习做铺垫,后一步学习在前一步学习后进行。由于两个步子之间的难度相差很小,所以学习者的学习很容易得到成功,并建立起自信。

3. 即时反馈原则

程序教学特别强调即时反馈,即让学生立即知道自己的答案正确,这是树立信心、保持行为的有效措施。一个学生对第一步(学习的前一个问题)能做出正确的反应(回答),便可立即呈示第二步(第二个问题),这种呈示本身便是一种反馈:告诉学生已经掌握了第一步,可以展开第二步的学习了。

4. 自定步调原则

程序教学允许学习者按照自己的情况来确定掌握材料的速度。这与传统教学在课堂传授中一般以"中等"水平的学习者为参照点的教学法不同。传统教学法使掌握快的学生被拖住,而掌握慢的学生又跟不上,致使班级学生之间学习水平差距越来越大。程序教学法相对显得比较"合理",每个学生可以按照自己最适宜的速度进行学习。由于有自己的思考时机,学习较容易成功。程序教学的设计当然要按照教材内部的逻辑程序,既要保证学习者在学习中把错误率减少到最低限度,又要合理地设计教材,使每一个问题(每一小步)都能体现教材的逻辑价值。

四、发展性教学理论

赞科夫的"发展教学论"包括教学原则、教学大纲、教学法等各个方面的观点,其中以教学原则最为重要。他认为教学原则决定教学大纲的内容和结构,决定教学法的典型属性。赞科夫在一边进行试验,一边进行理论总结的基础上提出了体现其主导思想的五条"新教学原则"。赞科夫的实验教学的主导思想是:以最好的教学效果来达到学生最理想的发展水平。体现这一主导思想,并指导各科教学工作的五条教学原则是:以高难度进行教学的原则(引导学生克服障碍和积极努力);以高速度进行教学的原则(克服传统教学中的单调重复);理论知识起主导作用的原则(认为传统教学片面地强调感性认识);使学生理解学习过程的原则(教会学生怎样学);使全班学生包括"差生"都得到发展的原则(克服高难度、高速度对部分学习困难学生的忽视)。

第三节 传 播 理 论

一、拉斯韦尔传播模型

1948年,美国政治学家,传播学四大奠基人之一的哈罗德·拉斯韦尔发表了《社会传播的结构与功能》一文。在这篇文章中,拉斯韦尔明确提出了传播过程及其五个基本构成要素,即谁(Who)、说什么(Says What)、通过什么渠道(in Which Channel)、对谁(to Whom)说、取得什么效果(with What Effect),即"5W传播模式",如图2-8所示。这个模式简明而清晰,是传播过程模式中的经典。后来很多学者都对此进行过各种修订、补充和发展,但大都保留了它的本质特点。这一模式还奠定了传播学研究的五大基本内容,即"控制分析""内容分析""媒介分析""受众分析"以及"效果分析"。

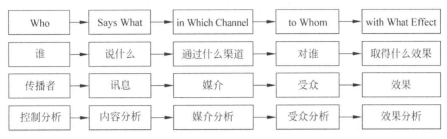

图 2-8　拉斯韦尔"5W 传播模式"

谁(Who)→说什么(Says What)→通过什么渠道(in Which Channel)→对谁(to Whom)→取得什么效果(with What Effect)

传播者→讯息→媒介→受众→效果

"5W 传播模式"称谓来自模式中五个要素同样的首字母 W。这五个要素又构成了后来传播学研究的五个基本内容,即控制分析、内容分析、媒介分析、受众分析和效果分析。这五个要素各有其自身的特点。

(1)"谁"是指传播者,在传播过程中担负着信息的搜集、加工和传递的任务。传播者既可以是单个的人,也可以是集体或专门的机构。

(2)"说什么"是指传播的讯息内容,它是由一组有意义的符号组成的信息组合。符号包括语言符号和非语言符号。

(3)"渠道"是指信息传递所必须经过的中介或借助的物质载体。它可以是诸如信件、电话等人际媒介,也可以是报纸、广播、电视等大众传播媒介。

(4)"对谁"是指受传者或受众。受众是所有受传者如读者、听众、观众等的总称,它是传播的最终对象和目的地。

(5)"取得什么效果"是信息到达受众后在其认知、情感、行为各层面所引起的反应。它是检验传播活动是否成功的重要尺度。

哈罗德·拉斯韦尔于 1932 年提出并经过 16 年修正、补充而成的"5W 传播模式",第一次将传播活动明确表述为五个环节和要素构成的过程,奠定了传播学研究的范围和基本内容,为人们理解传播过程的结构和特性提供具体的出发点。

拉斯韦尔的功绩在于他通过这个 5W 传播模式正确地指明了传播学研究战略的主攻方向,使传播学界的主力军在近半个世纪里,把主要精力用在考察、研究传播过程的基本要素上,取得了巨大成果,为整个传播科学的长足发展奠定了深厚、扎实的基础。

二、香农—韦弗模式

香农—韦弗模式,是主要的传播过程模式之一,1949 年由美国的两位信息学者 C.香农和 W.韦弗在《传播的数学理论》首次提出,又称为"传播过程的数学模式"。其内容主要描述电子通信过程,为更进一步研究传播过程提供了重要的启发,香农—韦弗模式如图2-9所示。

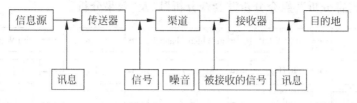

图2-9 香农—韦弗模式

该模式导入了噪声的概念,表明了传播不是在封闭的真空中进行的;通过对一些技术和设备环节的分析,提高了传播学者对信息科技在传播过程中的作用的认识;为以文理结合的方法考察传播过程打下了基础。

三、贝罗传播模式

贝罗传播模式也称为 SMCR 传播模式,其中 S 代表信息源(Source),M 代表信息(Message),C 代表通道(Channel),R 代表接受者(Receiver),如图2-10所示。贝罗传播模式明确而形象地说明了影响信息源、接受者和信息传播的条件,说明信息传播可以通过不同的方式和渠道,而最终效果不是由传播过程中某一部分决定的,而是由组成传播过程的信息源、信息、通道和接受者四部分以及它们之间的关系共同决定,传播过程中每一组成部分又受其自身因素的制约。

图2-10 贝罗传播模式

(一)信息源

研究信息源的因素分述如下。

(1)传播技术:信息源不论是以说话还是写作来传播,必须讲究传播的方式,才能保持信息本身的真实性和趣味性。传播技术包括语言(如语言的清晰和说话的技巧)、文字(如文字写作的技巧)、思想(如思维周密)、手势(如动作自然)及表情(如逼真)等。

(2) 态度：传播者是否喜爱传播的主题？是否有明确的传播目的？对受传者是否有足够的了解？

(3) 知识：传播者对传播的内容是否彻底了解？是否有丰富的知识？

(4) 社会系统：传播者在社会中的地位、影响与威信如何？

(5) 文化：传播者的学历、经历和文化背景怎样？

（二）信息

影响信息的因素有如下几项。

(1) 符号：包括语言、文字、图像与音乐等。

(2) 内容：为达到其传播目的而选取的材料，包括信息的成分与结构。

(3) 处理："传播者"对选择及安排符号和内容所做的种种决定。

（三）通道

通道是指传播信息的各种工具，如各种感觉器官，载送信息的声、光、空气、电波、报纸、杂志、广播、电影、电视、电话、唱片、图画、图表等。在传播过程中，信息的内容、符号及处理方式，均会影响通道的选择。

（四）接受者

信息源与接受者，虽然处在传播过程的两端，但是在传播过程中，信息源——传播者可以变为接受者，接受者也可以变为传播者——信息源。所以影响接受者的因素与传播者的相同，也是传播技术、态度、知识、社会系统及文化五项。

第四节　系统科学理论

一、系统和系统方法

根据一般系统论创始人贝塔朗菲的定义，系统是"相互作用的诸要素的复合体"，或是"处于一定相互联系中、与环境发生关系的各个组成部分的整体"。中国著名科学家钱学森这样定义系统：系统是由相互作用和相互依赖的若干组成部分合成的具有特定功能的有机整体，而且这个系统本身又是它所从属的一个更大系统的组成部分。

系统中相互作用的部分或成分就是要素，是系统最基本的单位，也是系统存在的基础和实际载体。系统就是由要素以及要素之间的关系组成，不同的要素构造不同的系统，相同的要素也可因要素之间的关系不同而构造不同的系统。

系统方法是指按照事物本身的系统性，把对象放在系统的形式中加以考察的一种科学方法。在宏观世界和微观世界，从基本粒子到宇宙，从细胞到人类社会，从动植物到社会组织，无一不是系统的存在方式。系统方法具有整体性、综合性、最优化的特点。

二、系统科学的基本方法

系统科学方法简称系统方法,是按照事物本身的系统性把研究对象作为一个具有一定组织、结构和功能的整体来加以考察的方法。该方法是从系统与要素之间、要素与要素之间、系统与外部环境之间的相互联系、相互制约、相互作用的关系中综合地研究对象的一种方法,是系统科学基本原理和基本观念在认识和解决实际问题中的应用。系统科学方法的基本步骤如下。

(1) 从需求分析中确定问题。没有需求就没有问题,系统方法都是从需求分析开始。需求分析是对现状和预期结果之间的差异分析。

(2) 确定解决问题的方案。根据所提出的问题和要达到的目标,提出解决问题的方案,一般情况下提出多种方案,如果一种方案不能有效解决问题,就马上采取第二种方案。

(3) 从多种可能的解决方案中选择问题解决的策略。

(4) 实施问题求解的策略。这个步骤是实施策略阶段。

(5) 确定实施的效率。在实施过程中搜集信息(包括过程信息和产出信息),并把这些信息与确定的目标相比较,给以评价和修正,确定实施的效率。

三、系统科学的基本理论

系统论、控制论和信息论是20世纪40年代先后创立并获得迅猛发展的三门系统理论的分支学科。虽然它们的提出仅过了半个世纪,但在系统科学领域中已是资深望重的元老,合称"老三论",如图2-11所示。

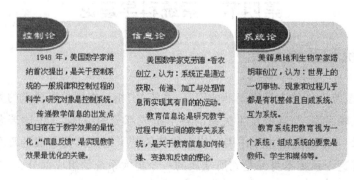

图2-11 系统科学基本理论之"老三论"

耗散结构论、协同论、突变论是20世纪70年代以来陆续确立并获得极快发展的三门系统理论的分支学科。它们虽然创立时间不长,却已是系统科学领域中年少有为的成员,故合称"新三论",如图2-12所示。

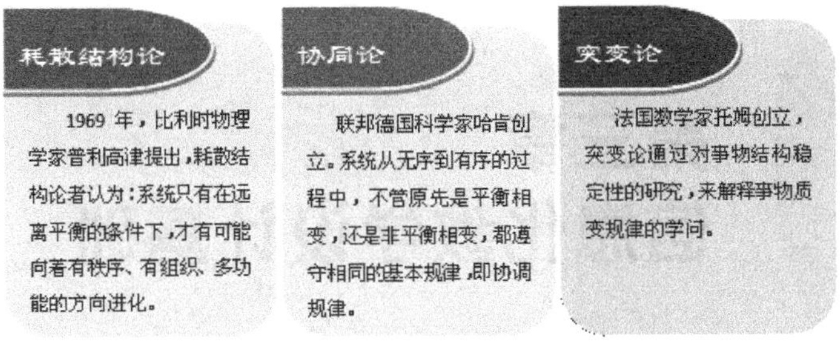

图 2-12　系统科学基本理论之"新三论"

思考与练习

1. 请采用如下表 2-1 的方式比较多个学习理论、教学理论之间的区别和联系,并体验支架式教学的应用。

表 2-1　比较表

比较维度	理论1	理论2	理论3	……
区别	……	……	……	……
联系	……	……	……	……

2. 作为一名教师,学习和掌握现代教育技术基本理论对合理应用信息技术推动信息化教学有什么指导作用?

学习资源链接

1. 王志军,陈丽.联通主义学习理论及其最新进展[J].开放教育研究,2014(5): 11-28.

2. 王佑镁,祝智庭.从联结主义到联通主义:学习理论的新取向[J].中国电化教育,2006(3): 5-9.

3. 郑旭东,陈荣,欧阳晨晨.皮亚杰与布鲁纳的和而不同与整合发展——兼论教育技术学基础理论研究的三重纵深[J].现代远程教育研究,2017(5): 29-36.

4. 钟柏昌,李艺.中国教育技术学基础理论问题研究——关于研究方法的评述[J].电化教育研究,2014(9): 93-94.

5. 钟柏昌.中国教育技术学基础理论问题研究——关于研究对象的评述[J].电化教育研究,2013(9): 10-19.

6. 黄纯国,钟柏昌.中国教育技术学基础理论问题研究——关于技术价值的评述[J].电化教育研究,2016(2): 18-22.

7. 冯友梅,李艺.布鲁姆教育目标分类学批判[J].华东师范大学学报(教育科学版),2019,37(2): 63-72.

8. 郑旭东,陈荣.从"教育过程"到"教育文化":百年回望布鲁纳[J].电化教育研究,2019(6):5-10。

第三章
信息化教学设计基础

📝 学习目标

1. 了解信息化教学设计的内涵。
2. 掌握信息化教学设计与传统教学设计的区别。
3. 能够自选主题，完成一份信息化教学设计，并分享给同伴。

📋 主要内容

信息化教学设计是现代教育技术的核心之一，也是信息时代师范学生必须掌握的基本知识和技能，是师范学生推动和引领信息化教学改革的必备知识。本章主要讲授信息化教学设计的内涵及其与传统教学设计的区别和联系。另外，着重讲述几种常见的信息化教学设计模式的内涵、原则和应用方法。

🎯 知识结构

信息化教学设计基础
- 信息化教学设计概述
  - 教学设计
  - 信息化教学设计
- 任务导向的信息化教学设计
  - 任务导向的信息化教学设计的内涵
  - 任务导向的信息化教学设计的原则
  - 任务导向的信息化教学设计的方法
- 问题导向的信息化教学设计
  - 问题导向的信息化教学设计的内涵
  - 问题导向的信息化教学设计的原则
  - 问题导向的信息化教学设计的方法
- 对分课堂的信息化教学设计
  - 对分课堂的内涵
  - 对分课堂的信息化教学设计的原则
  - 对分课堂的信息化教学设计的方法

第一节 信息化教学设计概述

一、教学设计

(一) 教学设计的代表性观点

目前,关于教学设计的内涵存在诸多观点,其中具有代表性的观点主要如下所述。

(1) 何克抗:教学设计是运用系统方法,将学习理论与教学理论的原理转换成对教学目标(或教学目的)、教学条件、教学方法、教学评价等教学环节进行具体计划的系统化过程。

(2) 加涅:教学是以促进学习的方式影响学习者的一系列事件,而教学设计是一个系统化规划教学系统的过程。

(二) 常见模型

1. 迪克—凯瑞教学系统设计模型

迪克—凯瑞教学系统设计模型采用系统化方法。系统化的方法强调任务中各环节之间的关系,任务过程中的每一步作为下一步的条件,对于是否达到目标要求,通过反馈进行检测,如果没有达到要求,就要对该过程进行反复修改,直至达到既定教学目标,如图 3-1 所示。

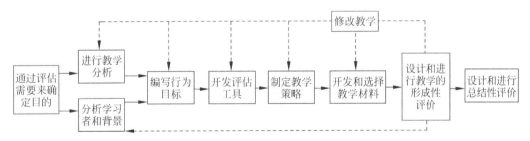

图 3-1 迪克—凯瑞教学系统设计模型

2. ADDIE 模型

ADDIE 模型即分析、设计、开发、实施、评估。ADDIE 模型分为以下五个阶段。

(1) A:Analysis(分析),对教学所要达到的行为目标、任务、受众、环境、绩效目标等进行一系列的分析。

(2) D:Design(设计),对将要进行的教学活动进行课程设计。例如,对知识或技能进行甄别、分类,对不同类型的知识和技能采取不同的、相应的处理措施,使其能够符合学习者的特点,并能够通过相应的活动使其从短期记忆转化为长期记忆等。同时,在本阶段中也应针对撰写出来的学习目标进行验证,并设计出相应的评估学习效果的策略和手段。

(3) D:Development(开发),针对已经设计好的课程框架、评估手段等,进行相应的课程内容撰写、页面设计、测试等。

（4）I：Implementation（实施），对已经开发的课程进行教学实施，同时进行实施支持。

（5）E：Evaluation（评估），对已经完成的教学课程及受众学习效果进行评估。柯氏四级评估法针对每一个层级的目的、流程、手段等均有明确的描述。评估的目的不仅是对课程内容本身的合理性进行评估，更要对培训的效果和绩效的改善进行评估，寻找差距，积极改进。

3. ASSURE 模型

ASSURE 模型是一个有用的计划模型，它能够引导我们怎样更好地在一个教学活动中选择和使用媒体和技术。

（1）A：Analyze Learners（分析学习者），对学习者的一般特征、入门能力、学习风格进行分析。

（2）S：State Objectives（陈述教学目标），尽可能明确地陈述教学目标。作为教学结果，教学目标是指学生能做什么、学习者在什么样的条件下、在何种程度上取得特定的学习成果。

（3）S：Select Strategies，Media，and Materials（选择策略、媒体和材料），一旦确定学习者和教学目标，就明确了教学的起点（学习者当前的知识、技能和态度）和终点（教学目标），教学设计的任务就是在起点和终点之间搭桥，也就是选择合适的教学方法、教学技术、媒体以及教学材料。然后选择材料去落实这三个选择：①选择合适的材料；②修改已经存在的材料；③设计新的材料。

（4）U：Utilize Technology，Media and Materials（使用技术、媒体和材料），首先，浏览教学材料，演练整个教学过程；其次，准备好设备、设施和教室环境；最后，参照本章和后面章节介绍的技巧，实施教学过程。

（5）R：Require Learner Participation（要求学习者参与），教学过程中，应该安排不同类型的教学活动，让学生有机会练习他们习得的知识和技能；教学活动过程中要提供反馈信息，让学生了解自己努力的成效。

（6）E：Evaluate and Revise（评价与修正），教学完毕，适时地评价教学效果、成效和学生的学习情况。如果设计目标和实施结果之间存在差距，则需要在下一轮教学中修正。

二、信息化教学设计

（一）信息化教学设计的内涵

信息化教学设计是基于建构主义学习理论的一种探究性学习，是运用系统方法，以学为中心，充分利用现代信息技术和信息资源，科学地安排教学过程的各个环节和要素，以实现教学过程的优化。信息化教学设计中，教师关注的重心应该是通过将信息技术有效地融合于各学科的教学过程来营造一种新型教学环境，以实现一种能充分体现学生主体地位的以"自主、探究、合作"为特征的学习方式。其目的在于培养学生的信息素养、创新精神、实践能力和综合能力。

（二）信息化教学设计的特点

1. 以建构主义理论为基础

传统的教学设计主要是以行为主义理论为基础，信息化教学设计在传统教学设计的基础上，引入了构建主义、多元智能和系统科学理论，因而信息化教学设计与传统教学设计有着明显的差别，体现了许多不同于传统教学设计的特点与要求。

2. 基于开放的教学模式和教学环境

进行信息化教学设计时，要采用开放的系统思维方式，基于开放的教学模式和教学环境，思考整个教学过程，以克服传统教学设计相对封闭、线性思维的特征，让学生在开放的学习环境下，按照自己的学习需求，利用丰富的信息资源进行自主化的学习，探索和解决问题，改变以往封闭、被动、填鸭式的教学方式。

3. 以问题、任务为驱动

问题或任务是学习目标的情境化体现，教师要以教学课程的大概念为背景，围绕一个完整的问题或任务设计、安排教学，让学生成为问题（任务）情境中的角色，促使学生学习相关的知识，激发学生创新思考，以培养学生解决问题和完成任务的能力。

4. 反馈调节与学习评价的及时性

信息化教学设计要求对教学过程实施迅速、及时的评价。教师根据收集到的"实时"信息，对学生的学习做出迅速的评价和反馈，学生通过反馈结果及时了解自己的学习情况并做出相应的学习策略调整，以达到对学习过程的监控和调节。同时，通过采用网络化教学评价系统，可促使学生养成自我反思和自我评价的良好习惯，提高学生学习评价和反馈调节的效率。

（三）信息化教学设计与传统教学设计的区别

（1）教学内容不同。虽然教材没有改变，但传统的教学内容只是单纯的课本知识利用了信息手段，对教材进行了加工。传统教学利用多媒体技术将过去静态的、二维的教材转变为由声音、文字、动画、图像构成的动态的、三维甚至四维教材。信息化教学的运用，又将教学内容从书本扩展到社会的方方面面。这样丰富和扩展了书本的知识，学生在规定的教学时间内可以学得更多、更快、更好。

（2）教学过程不同。传统的教学设计下，教学过程基本上就是教师讲，学生听。整个课堂由教师主导，学生很少或没有自己思考的时间，只是被动地接受。而信息化教学设计中，教学过程由传统的知识归纳、逻辑演绎式的讲解式教学过程转变为创设情境、协作学习、自主学习、讨论学习等新的教学过程。课堂真正由学生主导，给了学生更多的学习机会。

（3）学习方式不同。信息化的教学设计中，学生由被动地接受知识，转变为主动地学习知识，通过信息技术，利用各种学习资源，主动建构知识。学生不仅要学习知识，还要掌握"如何学"的能力。学生必须有独立学习能力、创造能力、创新能力、自主学习能力、自我管理能力、协作能力、协调能力等。学生将成为知识的探索者和学习过程中真正的认知主体。而在传统的教学设计中,学生只是充当忠实的听众的角色,很少或者没有发挥自己主动性的机会,学到的也只是课本内容的复述。

(4)教师角色不同。教师由传统的知识讲解者、传递者、灌输者变成了学生学习的指导者、帮助者、促进者。信息化教学设计中,教师不再是唯一的知识源,教师不能再把传递知识作为自己的主要任务和目的,而是要把精力放在如何教学生"学"的方法上,为建构学生的知识体系创设有利的情境,使学生"学会学习"。指导学生懂得"从哪里"和"怎么样"获取自己所需要的知识,掌握获得知识的工具和根据认识的需要处理信息的方法。

信息化教学与传统教学的区别如表 3-1 所示。

表 3-1 信息化教学与传统教学的比较

比 较 项 目	信息化教学	传统教学
教学目的	综合素质的培养	专业人才的培养
课堂组织形式	信息技术与课程整合	班级授课
教学方式	以学习者为主体	以教师为主体
教学结构	学习者主动探究	学习者被动接受
学习工具	以电子文档、网络为主	以教科书、黑板为主
学习环境	开放式	封闭式

第二节 任务导向的信息化教学设计

任务式教学驱动是当前环境下较为新颖的教学模式,它符合新型的教育教学理念,可以帮助学生更好地掌握信息技术知识。

一、任务导向的信息化教学设计的内涵

(一)任务驱动教学法的含义

任务驱动教学法是建立在建构主义教学理论基础上的一种教学方法,是建构主义理论在教育教学中的一种具体应用。建构主义教学理论强调:学生的学习活动必须与任务或问题相结合,以探索问题来引导和维持学习者的学习兴趣和动机,创建真实的教学环境,让学生带着真实的任务学习,以使学生拥有学习的主动权。这种教学法主张教师将教学内容隐含在一个或几个有代表性的任务中,以完成任务作为教学活动的中心;学生在完成任务的动机的驱动下,通过对任务进行分析,明确它大体涉及哪些知识,需要解决哪些问题,并找出哪些是旧知识,哪些是新知识,在教师的指导、帮助下,通过对学习资源的获取、加工和应用,在自主探索和互动协作的学习过程中,找出完成任务的方法,最后通过任务的完成实现意义的建构。它是一种以学生主动学习、教师加以引导的教学方法,打破

了传统教学方法中注重学习的循序渐进和积累的老套路,不再按照教学内容的从易到难的顺序,而是以完成一个任务作为驱动来进行教学,完成教学任务。

(二)任务驱动教学法的特征

1. 任务为主线

在任务驱动教学法中,任务的设计处于核心位置,任务贯穿于整个教学过程。任务是课堂教学的主线,教师首先通过创设问题情境把所要学习的内容巧妙地隐含在一个个任务主题中,要求学生带着任务去学习;然后通过巡视课堂,了解学生完成任务的情况,再针对各种情况指导学生探索完成任务的途径;最后随着任务的完成,进行课堂小结,归纳出结果,使学生通过完成任务达到掌握所学知识的目的。

2. 教师为主导

建构主义理论指导下的任务驱动教学法要求教师改变传统的角色,其作用从传统的向学生传递知识的权威角色转变为学生学习的导师。教师不仅要在学习内容上引导学生达到学习目标,还要在学习方法和技能的掌握方面指导学生。在任务驱动教学法中,教师的主导作用体现在以下五个方面。①任务的设计者:教师通过分析学生,分析教材,制定出任务。②任务情境的创设者:建构主义理论认为,学习情境的创设是有效教学的一个重要组成部分,所以教师应努力创设有利于完成任务的情境。③完成任务的指导者:学生在完成任务过程中不会一帆风顺,教师要随时加以指导,及时给学生提供帮助,保证任务的顺利完成。④任务完成的评价者:学生任务完成的情况需要教师予以评价。⑤课堂的监控者:课堂是动态的,教师通过巡视课堂,了解学生完成任务的情况,引导学生向正确的方向努力。

3. 学生为主体

任务驱动教学法有助于发挥学生的主体性,具体表现在以下几个方面。首先,培养学生的自主学习能力。任务驱动法将学生置于与当前学习主题相关的、尽可能真实的学习情境中,使学生的学习直观化、形象化。这些生动、直观的形象可以有效地激发学生联想,唤起学生原有认知结构中有关的知识经验,从而有利于学生利用原有知识经验去"同化"或"顺应"新知识。在任务完成过程中,真实的学习情境、强烈的好奇心驱使学生主动地探索和发现,完成有关知识的建构,从而增强自主学习的能力。其次,培养学生的创造能力。任务驱动法使学生从实际出发,提出问题、分析问题、解决问题,在解决问题的过程中建构知识和掌握技能。任务驱动法摒弃了传统课堂教学中的"传递—接受"模式,不再简单地告诉学生每步怎么做,而是发展学生自主思考的能力。学生可以根据自己的理解,自由选择解决问题的方法和途径。最后,培养学生的团体协作能力。教师进行任务设计时,既有独立的任务,又有协作完成的任务,所以学生在完成任务的过程中,不仅要与教师交流,还要与同学交流,在这种互动过程中,学生与他人交换意见,调整完善自己的观点,大家在相互交流过程中不断增长知识技能,促进了同学间良好的人际关系,进一步培养了学生的协作精神。

二、任务导向的信息化教学设计的原则

任务导向的信息化教学设计的原则如图 3-2 所示。

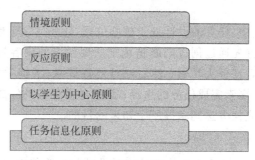

图 3-2　任务导向的信息化教学设计的原则

（一）情境原则

在任务驱动式教学中，影响任务的关键在于任务情境。任务情境将直接影响任务的确立，恰当的任务情境能够激发学生探究的兴趣，有利于学生主动地理解任务、分析任务。任务情境关系到任务驱动式教学能否顺利进行，恰当的任务情境成为实施任务驱动式教学的前提条件。任务情境应注意与现实生活相适应、与学生已有知识经验相联系、与教学目标相联系。

（二）反应原则

任务要包含处理信息所需要的知识和技能，包括理解、分析、综合、评价、反应、协商、争论等。让学生面对一个真实复杂的任务，并在任务完成的过程中扮演着积极的角色，在开发问题、解决策略的同时，获得基础知识和技能。也就是任务驱动应该能激起学生强烈的情感反应和认知反应。

（三）以学生为中心原则

任务驱动教学模式强调以学生为中心，为此，任务设计一定要符合学生的特点，也可以鼓励学生根据知识点和自身的实际情况提出任务。

（四）任务信息化原则

在确定任务时，要考虑到实际教学中的信息化教学环境、任务设计中的媒体、工具或资源的开发。

三、任务导向的信息化教学设计的方法

任务导向的信息化教学设计的方法如图 3-3 所示。

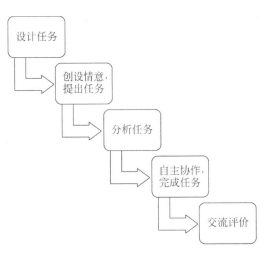

图 3-3　任务导向的信息化教学设计的方法

（1）设计任务。任务驱动教学法，需要教师对教学内容进行优化组合，设计成由简到繁、由易到难、循序渐进的一系列任务，让学生在完成任务的过程中，掌握知识，培养分析问题、解决问题的能力。

（2）创设情境，提出任务。在提出任务时，应尽可能模拟出与任务相关的学习情境，使学习更加直观化和形象化，激发学生联想，唤起学生原有认知结构中有关的知识、经验，身临其境地投入任务的完成过程中。

（3）分析任务。给出任务之后，教师通过启发和帮助，使学生对任务进行分析，产生一系列需要分别独立或者依次可以完成的子任务，并找出哪些要用到旧知识，哪些需要新知识，从而使学生明确学习目标。

（4）自主协作，完成任务。学生可以个人或者分组完成任务，在此过程中，应强调独立探索、亲自完成任务。教师可以向学生提供解决问题的有关线索或资源，但不能直接告诉学生如何去解决，强调发展学生的自主学习能力。

（5）交流评价。学生各自完成任务后，要组织交流，相互评价。交流评价的作用，一方面是对任务完成情况的考核，另一方面促使学生进行反思，进行总结，把所学会的知识内化。

第三节　问题导向的信息化教学设计

一、问题导向的信息化教学设计的内涵

问题为导向（Problem-based Learning）的教学模式又称为 PBL 教学模式，即通过教学设计把学习设置到复杂的、有意义的问题情境中，通过学习者的自主探究和合作来解决问题、完成知识的学习，形成解决问题的技能和自主学习的能力。其内涵从不同的角度出发，会引发不同的认识。

以问题作为引导学生学习和思考的主要因素，通过提出适当的问题启发学生运用前期学过的各种知识和技能搜集材料、研究问题，在解决问题的过程中学习新知识、新技能、新思路、新方法，从而扩充学生的知识量，增强学生逻辑思维的严密性，提高学生分析问题与解决问题的能力，培养学生理论应用于实践的创新能力。该观点重点突出问题在教学过程中的核心作用。

从教师的角度出发，问题导向式教学需要教师以教学内容和学情分析为基础，设置难度适宜、带有趣味性的实际问题，并在此情境下逐渐引导学生分析问题、解决问题，在引导过程中不断挖掘学生潜能，鼓励学生进行问题探究，从而发现新知识、建构新知识。这种观点主要强调教师在问题导向式教学中的引导作用，且高度概括了该教学方法的目的和具体实施过程，从而体现了教师的重要性。目前，该观点普遍被学术界所认同。

从学生的角度出发，问题导向式教学需要学生在具体问题情境中积极思考，在教师的指导和帮助下运用前期积累的知识和技能尝试分析问题、解决问题。在此过程中，学生能够发现新知识，重新构建知识结构，发展高层次的逻辑思维能力，提高理论应用于实践的水平，逐渐形成创新思维，增强创新意识。该观点主要强调学生在问题导向式教学中的主体作用，并且高度概括了该教学方法的学习步骤。

二、问题导向的信息化教学设计的原则

问题导向的信息化教学设计的原则如图 3-4 所示。

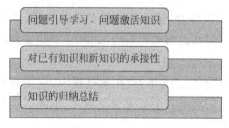

图 3-4　问题导向的信息化教学设计的原则

（1）问题引导学习、问题激活知识。问题是该教学方法中的核心课题，科学知识的增长和创新能力的培养都是从问题开始的。

（2）对已有知识和新知识的承接性。这也需要精心地设置问题与用心地引导。通过提问，引导学生用已有的知识方法解决问题，或者用有所改进或创新的方法来解决问题，从而培养学生通过搜集信息、整理信息、利用信息来解决实际问题的能力。

（3）知识的归纳总结。在经过问题提出、学生讨论、问题解决这一系列过程之后，教师应该根据具体教学情况对已有知识和新知识进行总结归纳，并对其中涉及的学习方法、思维方式做出总结。

三、问题导向的信息化教学设计的方法

（一）课前问题准备

区别与传统讲解式教学，PBL 教学模式主要依靠学生自主完成知识的学习，因此问题设计非常关键。教师在重构教学内容和设计导向问题时需要注重以下几个方面。

（1）注重与实际相结合。实训教学更注重学生技能的培养，以实际情境为依托，让问

题贯穿于整个实际情况的解决过程。学生通过解决问题能够系统地学习到知识点和技能点，一气呵成。因此，教师需要根据课程需要，制作相对应的教学资源，包括教学案例、微视频等，在此基础上设置问题，做到有的放矢。

（2）注重成果导向。教师在设计问题时应从教学目标出发，注重成果导向，让学生一开始就有明确的学习目标，清楚解决问题能够获得的知识和技能，激发学生的学习兴趣。

（3）注重学生独立思考能力、创新进取精神的培养。教师在设计问题时应注重引导学生思考和创新，而不是单纯地问答，促使学生综合能力的提高，这也符合当今高职教育的发展趋势及教育宗旨。

（二）课堂实训教学的组织与互动交流

课堂实训教学与互动交流是 PBL 教学模式的知识内化环节，需要教师对学生活动进行有效组织和积极引导。课堂实训教学阶段，教师应注意加强师生之间的交流，为学生提供个性化的指导。有效组织学生协作，引导小组成员之间的多向交流，为学生营造一个良好的团队氛围，对遇到困难的学生应尽量采取提问式引导，通过提问来帮助学生反思遇到问题的关键和解决方案，最大限度地提升课堂实训活动的效果，深化知识内化的程度。

（三）多样的教学评价

教学评价是影响教学效果的重要因素，PBL 教学模式的评价方式应更加注重"过程"和"结果"，评价内容包含课前自学情况、课中实训完成情况、实训成果总结与展示的频率以及课后安排完成情况等，必须对其进行有效测量才能准确测评学生课程的完成情况。

第四节　对分课堂的信息化教学设计

一、对分课堂的内涵

2014 年复旦大学教授张学新立足中国教育实情，以教育心理学理论为依据，提出中国原创的教学模式——"对分课堂"（PAD Class）。其核心理念是将课堂时间一分为二，一半用于教师讲授，一半用于学生讨论，并在讲授和讨论之间引入心理学的内化环节，让学生对讲授内容进行吸收之后，有备而来地参与讨论。对分课堂在时间上分为三个过程，讲授（Presentation）、内化吸收（Assimilation）和讨论（Discussion），因此对分课堂也可简称为 PAD 课堂，如图 3-5 所示。

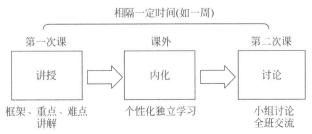

图 3-5　对分课堂的基本流程

二、对分课堂的信息化教学设计的原则

对分课堂的信息化教学设计的原则如图3-6所示。

图3-6　对分课堂的信息化教学设计的原则

(1) 先教后学。认知心理学强调知识的作用,认为知识是决定人类行为的主要因素。对分课堂先讲授知识,为学生提供一个认知的模型和结构,让学生形成一定的认知压力和认知困惑,以增强学生的探索欲望和学习动机。

(2) 合理分组。对分课堂的学生讨论不受班级人数的限制。分组按照"组内异质、组间同质"的原则,每组4~6位同学,考虑男女比例和成绩差异。

(3) 甄选教材。学生对知识内化的质量取决于输入内容的优劣。优秀的教材是成功授课的重要保障。教材的配套练习合理新颖,能够启发学生的批判性思维,带动学生对各方面的信息提出质疑和提问。优秀的教材也能够启发教师,让教师从更高的层次、更新的角度审视专业知识。这也对教师的素质提出了更高的要求。

(4) 科学评价。对分课堂采用过程性评价,不仅考核知识,还要考核能力。学生的最终成绩可以包含平时作业(50%)、期末考试(45%)和学生报告(5%)等部分的成绩。平时作业可以按照次数计分,如果布置10次作业,可以每次记5分;期末考试可以包含两部分,如将闭卷考查课本知识与开卷考查理论应用相结合;学生报告可以是书面的,也可以是口头的。给学生布置平时作业的目的是督促复习,保证学生理解基本内容,并能够进行深入、有意义的交流讨论。在批改平时作业时可以按照"上交""良好"和"优秀"等级别来判分,重点是对学生的学习态度和创新性进行评价。

三、对分课堂的信息化教学设计的方法

对分课堂的信息化教学设计有三种方法。

(1) 改变学生的传统观念。已有的经验表明,对分课堂的教学成效会受到学生惯性被动学习的影响,一些传统观念更会影响教学效果。为此,需要重点改变学生的传统学习观念。教师应帮助学生树立正确的学习思维,使之能够将自己视为学习的中心。教师还应关注学生的价值观、情感和精神状态,以便能够有针对性地对其进行教导。此外,还要培养学生的求学观念,通过多种形式激发其内在的学习动机。当然,在这一过程中,教师也应立志教育,以此促进学生责任感和使命感的提升。

(2) 建立心理相容的班级氛围。对分课堂的内核是充分发挥学生的主体作用,通过强化学生课堂参与的形式,提升学习效果。这样就有必要在教师的引导下,为学生构造适应对分课堂的学习氛围和心理相容的班级气氛。为此,教师应具有健康的人格魅力,通过行为示范关爱学生并信任学生,能够将课堂交给学生,认为学生的表现具有不可低估的影响,让学生产生被尊重的感觉。

（3）增强授课内容的系统性。对分课堂是在保留传统课堂讲授范式的基础上发展起来的，对教材的优秀性与经典性给予了充分肯定。因此，为了获得更理想的教学效果，对分课堂需要重视教材的重要作用。为此，在编写教材或者选择教材时，应重点对话题选择、编排体系与练习内容等进行特别关注，在条件允许的情况下，对重难点内容及时更新与修订。同时，教师要持续不断地研究教材和使用教材，借助有限的课堂讲授时间，按照重难点内容选择合适的讲授方式，并结合教材中的练习设计课后自学的内容与方式等。

思考与练习

1. 比较分析基于问题的教学和基于项目的教学之间的区别和联系。

2. 在实施翻转课堂教学时，如何做到课堂内和课堂外的无缝对接？如何有效评判学习者课堂外的学校效果？

3. 任选一种信息化教学设计模式，自选主题，完成一份信息化教学设计，并与其他同学相互分享。

学习资源链接

1. 张学新.对分课堂：心理学推动教育变革的可能[N].文汇报,2017-01-13(006).

2. 张学新.对分课堂：大学课堂教学改革的新探索[J].复旦教育论坛,2014(5)：5-10.

3. 祝智庭.现代教育技术——走向信息化教育[M].北京：高等教育出版社,2001.

4. 刘斐.论问题导向教学[D].武汉：华中师范大学,2014.

5. 董黎明,焦宝聪.基于翻转课堂理念的教学应用模型研究[J].电化教育研究,2014,35(7)：108-113,120.

6. 王慧君,王海丽.多模态视域下翻转课堂教学模式研究[J].电化教育研究,2015,36(12)：70-76.

7. 萨尔曼·可汗,刘婧.翻转课堂的可汗学院：互联时代的教育革命[M].杭州：浙江人民出版社,2014.

8. 倪彤.微课/慕课设计、制作与应用[M].北京：清华大学出版社，2016.

9. 上海市教育委员会教学研究室.基于问题解决：提升课程领导力的行动[M].上海：华东师范大学出版社,2013.

第四章
信息时代教师专业能力发展

学习目标

1. 了解信息时代教师专业能力的内涵。
2. 掌握信息时代教师专业能力发展的主要内容和途径。

主要内容

本章主要讲授信息时代教师专业能力的新内涵、教师专业发展的新特征以及信息技术支撑教师专业发展的主要方式。

知识结构

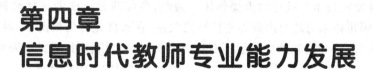

第一节 信息时代教师专业能力概述

在信息技术高速发展的今天,信息技术与教育的结合,无论是在广度上还是在深度上都实现了空前的优化,与此同时也对教师的知识结构与教学技能提出了严峻的挑战。教师应积极提升专业能力,更新知识结构,增强专业技能,适应新时代的教育教学改革需要。因此,提升教师专业能力是国际教师教育改革发展的潮流,也是当前我国教师教育改革发展的重要导向。

一、教师专业能力的基本内涵

教师专业能力是教师特有的从教能力,是教师圆满完成本职工作的专业本领,是教师综合素质最突出的外在表现,也是评价教师专业性的核心要素。目前,关于教师专业能力的结构和种类,不同学者具有不同的观点。一般来说,教师的专业能力应包括以下几方面。

(1)教学设计能力:即教师在综合考虑教学内容、教学媒体、教学时间、教学对象等因素的基础上,对教学目的、教学流程、教学方法进行整体构思和设计的能力。

(2)表达能力:主要包括语言表达、板书板画、运用多种教学手段演示等能力,是教学实施能力的重要支撑,其中语言表达能力是教师传授知识、教育学生的重要能力,是教师的必备品质。

(3)组织能力:如班级管理能力、课堂管理能力、资源管理能力以及自主学习管理能力等。

(4)研究能力:即教师专业发展的必备素养,是教师改进自身专业结构、反思教学实践、发现与解决教学问题、总结教学经验形成理性认识的重要基础。

(5)反思能力:在教师能力结构中居于核心地位,是较难发展的教师能力之一,也是教师专业成长的重要标志。

(6)德育能力:主要是指教师在教育活动中随时对学生进行思想品德、做人做事、精神成长等方面施加影响的能力。

此外,除了以上所阐述的教师应具备的基本能力外,在实施素质教育的今天,还需要教师有能力培养学生发现问题、分析问题和解决问题的能力等。

二、信息时代教师专业能力的内涵演变

教师专业能力是教师专业发展的重要内容。要了解信息时代教师专业能力内涵的演变,首先要了解教师专业发展的新特征。

(一)教师专业发展的新特征

1. 常态化是教师专业发展的新目标

从教育事业与经济发展的内在关系来看,经济发展要求教育发展做先导,教育发展要以经济发展为基础,教育事业必须同国民经济发展的要求相适应,这是我国历史发展经验的结晶,也是任何时期教育工作的根本指导思想。因此,认识新常态、适应新常态、引领新常态,是当前和今后一个时期经济发展的主旋律,也是教育工作的大逻辑。自经济发展新常态的理念提出以来,诸多专家学者对教育发展新常态的理解发表了不同见解,其中顾明远先生对教育发展新常态的理解最具有宏观指导意义,即我国教育发展面临三个"新常态":促进教育公平、提高教育质量、互联网+教育。其中"互联网+教育"是促进教育公平、提高教育质量的重要途径,是一种以互联网为核心的信息技术在教育教学领域不断渗透与相互融合的趋势性的、不可逆的发展状态。这意味着信息化已成为解构"旧教育"的必要手段,是重组与再造"新教育"的基本元素。基础教育是我国教育体系的基石,教师是促进教育公平、提高教育质量、推进"互联网+"与教育深度融合的最核心要素。教师专业发展是保持教师素养先进性、引领教育事业发展的重要途径,是我国教师教育体系的重要

组成部分。

改革开放以来,我国对"教师"深刻内涵的认识不断地深化,即从"教师是一种职业"到"教师是一种专业",再到"教师是一种生活方式"的转化,实现了教师发展理念由"工具化"向"人本化"的不断转变。此外,从马斯洛的需求层次理论来看,从"职业"到"专业"再到"生活方式"的转变也是教师培训对我国教师在不同时期更高层次心理需求的不断满足。因此,在上述分析的基础上,本研究将教师专业发展新常态的内涵界定为:"互联网+"时代,以综合素养提升为基础,以提升教师精神生活质量与人生境界为导向,在当前和今后一个时期所呈现的一种不同以往的、相对稳定的状态。其特点主要体现在五个方面:发展模式由粗放式、规模化向精准化、内涵式转变;教师专业发展范式由"外促"式被动发展向"内生"式主动学习转变;教师专业发展生态由封闭的、现实的生态向开放的、虚拟的生态转变;教师专业发展结构由单一机构独立实施向多家机构联合协同推进转变;教师专业发展活动由学科本位的孤立设计向主题聚焦的融合设计转变。

2. 泛在互联是教师专业发展的新情境

泛在互联(Ubiquitous Interconnection,UI)是"互联网+"时代社会网络化的显著特征,主要指在信息化社会,任何人都可以借助相应的信息化媒体直接或间接地与他人进行信息传输,形成社会关系网络的存在形态。其内涵主要体现在以下六个方面。

(1) 网络化是信息时代人类生存的基本情境。在"互联网+"时代,互联网成为人类谋求竞争新优势的战略方向,学网、懂网、用网是人类谋求更高发展的基本要求,网络已成为人类优化各项社会活动的基本要素。

(2) 扁平化是信息时代人类交互的基本形态。网络的普及和应用打破了以往信息由上向下传播的层次性特征,为人类信息的接受和传播创造了一个扁平化的民主情境。

(3) 分享是信息时代人类拓展社会网络的重要举措。分享是增强信息流动、扩展个人影响力的重要渠道,互联网的普及和应用使信息分享突破了时间和空间的限制。现阶段,各种社交平台分享功能的完善及彼此间分享活动的无缝链接对信息传播又一次产生了深度变革。

(4) 节点类型更加丰富,人类节点呈"被隐形化"的趋势。信息技术的发展强化了人与人、人与物、物与物之间的相互关联,信息传播路径的多样化丰富了社会网络节点的类型,各种社交媒体或平台逐步成为人与人之间信息传播必不可少的"外在显性"的中介节点,且在社会网络中的重要价值越来越凸显,对六度分隔理论在信息时代的应用提出了挑战。

(5) 节点间关系的建立与强化是信息时代人类社会价值的集中体现。人是各种社会关系的集合,在数字时代更为凸显。社会网络中节点间关系的建立和强化不仅是指人与人之间信息的直接传播,还倾向于人类能够有效地利用各种社交媒体发表自己的思想观点或获取他人的思想见解,实现人与人之间信息的间接传播。节点间关系建立和强化的过程实质上是人类不断扩大自身对他人、社会的影响力,提升自身社会价值的直接体现。

(6) 人的内在传播是社会网络存在、发展的源起和指向。人是传播活动的主体,促进人的发展是传播活动的最终指向,也是衡量传播有效性的重要指标。人的内在传播是人的思维活动,是人脑对感性知觉和表象进行加工,从而产生概念和推理,形成思想的过程。人的新思想的形成是引发有效传播行为的基本条件之一,通过社会网络的传播,引发其个体的内在传播,进而实现社会网络的拓延和个体的社会化发展。

近年来,随着我国教育信息化工程的深入推进,"宽带网络校校通"的覆盖面进一步扩大,教师信息技术应用能力得到普遍提升,网络学习空间应用逐步普及并深入,教师队伍中数字土著比重的逐渐增多,以及网络工作坊、微信、微博、博客等多种社交平台在教育教学领域深度应用的不断成熟,为教师与同事、校长、学生及其家长以及其他"利益"相关者间的信息传播的互联互通创造了良好的支撑环境。因此,"泛在互联"成为教师专业发展的新情境,也是思考教师专业能力内涵演变的新视角。

(二)信息时代教师专业能力的内涵演变

随着科技的发展,教学媒体、教学资源、教与学的环境等逐步发生了显著变化。在这样的时代背景下,教师专业能力的内涵发生了新的转变。

1. 注重教师数据素养的发展

随着大数据时代的到来,传统教育与网络教育间的无缝融合,教师可较以往更快甚至实时获取更多元、更完备的教育数据,数据在教师教育教学中的作用无疑将日益突出。然而拥有数据并不等于使教学获得改善,这就要求教师具有理解和应用数据以改进教学的能力,即数据素养。

目前,国内外关于教师数据素养的理解观点多样,在综合诸多学者的界定和理解的基础上,教师数据素养主要包括教师处理数据的基本能力和教师应用数据改进教学的能力。处理数据的基本能力是教师数据素养的核心基础,是教师应用数据改进教与学的根本前提,主要包括数据获取能力、数据分析能力、数据解读能力、数据交流能力。数据的教学应用能力,即应用数据改进教学的能力,是教师数据素养的基本旨向,是数据在教育教学中得以发挥其重要价值的中枢所在,主要包括应用数据发现教学问题的能力、应用数据进行教学决策的能力、应用数据监控教学发展的能力等。

2. 注重教师新媒介素养的发展

媒介素养是人们对现代媒体的意识、情感、态度、价值取向与应用能力的总和。教师应具备自觉的媒介素养意识,在对学生传道、授业、解惑的同时,培养学生更好地适应信息时代和社会发展,使他们正确地看待和应用技术等。因此,教师需要不断提升媒介素养,提升在教育教学活动中使用媒介工具、判断媒介内容的能力,从而更好地为教育教学工作服务。互联网信息平台和终端设备的丰富昭示着融媒体时代的到来,直接影响我国社会的各个阶层领域。教师面对开放的环境和融媒体时代教育教学改革的发展,必须按照新的要求提升媒介素养,适应发展潮流。

3. 注重教师跨学科教学能力的发展

学科本位化是我国教育教学中存在的显著问题,严重制约了我国素质教师的发展,破解这一难题的关键在于教师跨学科协同教学能力的发展。《教育部关于实施全国中小学教师信息技术应用能力提升工程 2.0 的意见》(教师[2019]1 号)明确提出要整合多方资源,促进教师有效利用信息技术开展跨学科教学。

教师信息技术与教育教学深度融合能力不仅要求教师使用和选择信息技术,还要求教师能够结合教授课程适时、合理地融合信息技术,从而实现教育教学效果的提升,促进教学目标的实现。整合技术的学科教学知识(Technological Pedagogical Content Knowledge,TPACK)是一种特殊的、高价值的、面向21世纪的教师知识。TPACK是一种超越了三个核心成分(Content、Pedagogy、Technology)的新的知识形态,TPACK是利用技术进行有效教学的基础。TPACK是教师应当具备且必须具备的全新知识,涉及学科内容、教学法和技术三种知识要素,但并非是这三种知识的简单组合或叠加,而是将技术"整合"到具体学科内容教学的教学法知识中;TPACK是整合了三种知识要素以后形成的新知识,由于涉及的条件、因素较多,且彼此交互作用,是一种"结构不良"(Ill-structured)知识,如图4-1所示。

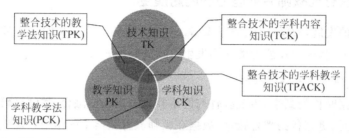

图4-1 整合技术的学科教学知识

4. 注重教师网络德育能力的发展

2019年2月,中国互联网络信息中心(CNNIC)发布的第43次《中国互联网网络发展状况统计报告》指出,截至2018年12月,国内网民总人数达到8.29亿,互联网普及率达59.6%。网络技术的发展和普及极大丰富、便捷了人民群众的生活,但其带来的负面影响也愈加明显。由于网络的虚拟性、开放性和隐蔽性,导致虚假信息泛滥、网络语言暴力、侵犯他人隐私等现象频发,干扰了正常网络秩序。因此,在新媒体时代,应引导教师在网络上进行理性的思想表达,促进教师网络道德素养的全面提升。

5. 注重教师在线学习力的发展

学习力是人发展的核心内驱力,学习力决定发展力。如今,随着信息技术的发展,在线学习力成为学习型社会与信息化社会必要的生存能力。在在线开放课程大力建设与深度应用的背景下,注重教师在线学习力的发展是促进教师自身专业发展常态化的重要基础。

在线学习力主要包括学习驱动力、学习策应力、学习顺应力、学习反省/管理调节力、学习互惠力五部分。学习驱动力是激发网络学习者在线学习的动力系统,是引发与激发网络学习者持续学习的关键,包括学习需要、兴趣、信念、成就目标等,直接影响网络学习者的学习行为;学习策应力是网络学习者熟知信息内容表征的方式,能够根据需要综合运用多种方法或策略,如运用提问、建立联系、想象、推理等方法进行学习;学习顺应力指网络学习者能够保持耐性与专注精神,排除内外干扰,集中精力投入学习,具体包括引发并保持注意、管理分心、毅力与持久力等;学习反省/管理调节力是指网络学习者的规划管理、反思与调节能力,网络学习者不仅要能感知学习目标,还要科学制订计划、预计结果、选择策略、预见问题及解决方法,及时评价、反馈学习活动过程及结果,根据问题采取相应措施,及时做出修正调整;学习互惠力是网络学习者能以有效、负责任的方式建立学习关系,既能学习他人的成果,也愿意与他人共享自己的学习成果。网络学习者不仅应知道如何进行自主学习,还应知道何时与如何开展合作学习,讨论问题时能表达个人观点,也愿意倾听他人观点。

第二节 信息时代教师专业能力发展的基本途径

一般认为,教师专业发展有三种取向:理智取向、实践—反思取向、文化生态取向。理智取向主张教师通过正规的培训,向专家学习先进的理念、知识和能力,以提高教育理性认识水平和教学技能;实践—反思取向主张教师通过实践反思,发现教育教学意义,获得实践智慧,其主要方法有写日志、传记、构想、教育叙事等;文化生态取向认为教师专业发展不仅仅依靠个人努力,在更大程度上依赖于教学文化或教师文化为其工作提供意义、支持和身份认同,其主要方式是通过学习团队建设进行协同教学、合作教研实现共同发展。随着信息技术的不断发展,各种取向下的教师专业发展途径涌现了新的内涵。

一、师范教育

师范教育是教师个体专业发展的起点和基础。随着在线课程的大力建设、科学引入与深度应用,推动了师范学生专业能力培养模式的变革。《教育部关于实施卓越教师培养计划2.0的意见》明确要求要推动人工智能、智慧学习环境等新技术与教师教育课程全方位融合,充分利用虚拟现实、增强现实和混合现实等,建设开发一批交互性、情境化的教师教育课程资源。及时吸收基础教育、职业教育改革发展最新成果,开设模块化的教师教育课程,精选中小学教育教学和教师培训优秀案例,建立短小实用的微视频和结构化、能够进行深度分析的课例库。建设200门国家教师教育精品在线开放课程,推广翻转课堂、混合式教学等新型教学模式,形成线上教学与线下教学有机结合、深度融通的自主、合作、探究学习模式。创新在线学习学分管理、学籍管理、学业成绩评价等制度,大力支持名师名课等优质资源共享。利用大数据、云计算等技术,对课程教学实施情况进行监测,有效诊断评价师范学生学习状况和教学质量,为教师、教学管理人员等进行教学决策、改善教学计划、提高教学质量、保证教学效果提供参考依据。

二、网络研修

我国历来重视在职教师专业能力的发展,并先后实施了重大工程或项目,其中较为显著的主要有中小学教师国家级培训计划、中小学教师信息技术应用能力提升工程等。"国培计划"自2010年正式实施以来,已发展成一项国家重点支持、投资巨大、持续时间较长的重大教育政策现象,也形成一套日趋完整的以教师培训项目为核心的制度体系。在信息技术不断发展的背景下,教师在职培训模式也在不断变革,如基于网络的后续跟踪、教师网络研修工作坊的建设和应用以及各类在线培训课程的建设等,其中以网络研修的作用最为显著。

网络研修是信息时代背景下教师继续教育发展的新模式，是对传统教研与培训的变革与创新。作为当代教师网络研修发展的产物，我国很多省份的网络研修主要采用的是"网络研修工作室或工作坊"这一具体表现方式，其实质是集专家引领、教师自主研修、教师互动交流、管理过程监控于一体的综合性网络研修社区。实践中是由网络研修工作室主持人（简称主持人或坊主）设计研修主题，同时引领学员开展网络学习。教育部文件明确指出，网络研修是教师培训的基本模式，主持人遴选由区县把握。主持人作为教师网络研修工作室的核心要素，是教师专业发展、教师学习甚至教育创新发展的引领者。

三、强化反思

在信息化时代的背景下，技术为教师的教学反思提供了异于传统教学反思的工具、手段、途径、方法，如电子档案袋、博客、论坛等信息技术的使用在一定程度上提高了教师教学反思的效率。就这个方面来说，技术支持的教学反思，就是教师在教学活动中或者教学活动之后借助信息技术、多媒体技术、网络技术等工具进行教学反思，寻求更好的解决问题的方案。所以，传统的技术原理模式和反思模式不应截然对立，而应该相互结合。

信息时代背景下，各种新的网络技术工具为教师提供了新的教学反思工具。通过整合现代教育技术手段，教师可以利用网络这一手段来进行网络化的教学反思，实现一些传统手段无法实现的反思。

1. 录音录像

随着科技的发展，教师收集教学反思素材的工具也逐渐多样化。录音录像的出现，更是将教学活动中的声音和全过程进行了数字化的存储，让教师能够清晰地回顾教学活动环节，帮助其达到更客观全面的反思。

2. 电子档案袋

与传统的纸质档案袋相比，电子档案袋是数字化的存储工具，易于管理分类，不受物理环境影响，存储形式多样化（文本、图片、视频、音频等）的优点。教师成长的电子档案袋对教师的专业成长有着重要的意义。

3. 思维导图软件

"思维导图"是一种有效应用于记忆、学习、思考的思维地图。思维导图软件（如iMindMap、MindMapper、mindManager、XMind、FreeMind）的应用使整个教学活动结构可视化。教师在教学反思的过程中可以将零散的、无序的教学片段通过图画表示出来，帮助教师理清思路，找出问题所在并寻求解决方案。

四、网络学习空间

随着我国教育信息化的飞速发展，人们越来越重视人与人之间的互联互通和互助。

"十三五"期间,我国将全面深入推进"三通两平台"工程,而"网络学习空间人人通"是"三通"工程的核心和重点。为了更好地实现"网络学习空间人人通",不仅需要建设个性化、智能化的网络学习空间,更需要了解网络学习空间中的学习者,并激发学习者充分利用网络学习空间进行互帮互助,实现优质资源的共建共享,进而培养学习者的创新能力。

网络学习空间是学生、教师、家长、管理者共同构建的学习空间,其核心还是以学习者为中心。学习者在网络学习空间中会遇到各种各样的问题,而同伴之间的互助为及时解决这些问题提供了良好的手段。研究表明,同伴作为一种重要的人力资源,常常被人们忽视,但是同伴在协同知识建构和个人专业发展方面发挥了重要作用。因此,网络学习空间是当下促进教师专业能力发展的重要途径。

五、在线开放课程

近年来,在线开放课程的发展与普及为教师专业能力的发展提供了新途径。

首先,在线开放课程实现了优秀教学理念和方法的快速共享。作为精心锤炼的教学成果,大规模在线开放课程(Massive Open Online Courses,MOOC,音译为慕课)具有教学内容先进、教学设计精练、教学手段丰富等特点。借助互联网传播手段,不仅可以将优质的教学内容快速传递给学习者,还可以将优质的教学理念和方法快速传播给学科同行,使关注教学改进但缺乏思路的教师获得启发。在传统的教师培训体系下,教师需要参加会议,现场听课或聆听报告,才能获取对某个学科或某门课程教学方案的片段式了解。而通过观摩 MOOC,教师可便捷、直观、全面地获知关于某门课程的各版本教学设计、知识点讲授方式,乃至学生对各种讲授方式的评价与反馈,进而进行借鉴以改进自己的教学。

其次,在线开放课程引导教师对传统教学方式的反思与再造。开放的在线开放课程平台使教师的教学成果通过互联网得以放大,教师的教学活动不再局限于课堂的有限时空,优质课程具有鲜明的头部示范效应,必然得到广泛关注。教学为教师带来的成就感显著提升,空前激发了教师的教学改革热情。通过推动国家级、省级精品在线开放课程的评审,促使教师认真总结、梳理过去的教学经验,积极采纳信息技术对课程进行再造,以求经受住镜头、同行、课程评审专家、学习者等多个"他者"视角的审视,这为教师自觉提升教学能力提供了原生动力。

最后,在线开放课程促进"互联网+教育"相关技术的快速发展。在线开放课程是"互联网+教育"的产物,在线开放课程的快速发展也促进了"互联网+教育"相关技术的快速发展。近年来,围绕在线开放课程的线上教学和本地化教学,大量支撑信息化教学的产品,如支持在线开展实践教学的实验平台,加强互动效果的直播工具,增强课程视觉效果的 VR、AR 技术支持下的富媒体教学资源,支持移动学习、课堂教学互动的 APP、微信小程序,人工智能、大数据技术支持下的教学分析工具等纷纷面世。这些信息技术产品不但为教师开展信息化教学提供了辅助工具,还帮助教师开启创新视角,突破传统教学模式,深入研究以学生为中心的新型教学模式。

思考与练习

1. 作为数字原住民，如何借助信息技术支撑自身专业的常态化发展？
2. 作为刚毕业的师范学生，你对同行专业能力的发展会产生什么影响？如何产生影响？

学习资源链接

1. 全国十二所重点师范大学联合编写.教育学基础[M].3版.北京：教育科学出版社,2016.
2. 柳海民.现代教育学原理导论[M].北京：高等教育出版社,2013.
3. 罗晓杰,牟金江.反馈促进新教师教学反思能力发展的行动研究[J].教师教育研究,2016(1)：96-102.
4. 李运福,杨晓宏.基于大数据分析的O2O教师培训模式研究——对"互联网+"教师培训的初步思考[J].中国电化教育,2016(12)：113-120.
5. 南国农,李运林.教育传播学[M].2版.北京：高等教育出版社,2010.
6. 阮士桂,郑燕林.教师数据素养的构成、功用与发展策略[J].现代远距离教育,2016(1)：60-65.
7. 李兰青.新媒体环境下高校教师媒介素养对教学的影响[J].西部广播电视,2014(1)：23-24.
8. 郭兆云.融媒体时代高校教师媒介素养要求及实践[J].中国高校科技,2016(10)：15-17.
9. 赵岩,谭向阳.公民网络道德素养的提升路径[J].人民论坛,2018,598(17)：112-113.
10. 刘赣洪,杨敏.教师网络研修工作室主持人引领能力模型的构建——基于探索性和验证性因子分析[J].当代教育科学,2019(1)：53-58.
11. 韦宁彬.现代教育技术支持下的教师教学反思研究[J].教学与管理,2012(3)：27-28.
12. 萧潇.以在线开放课程体系支持高校教师信息化教学能力构建[J].中国大学教学,2018,337(9)：72-75.

第五章
信息化教学过程

📝 学习目标

1. 了解信息技术与课程整合。
2. 掌握几种具有代表性的信息化教学模式的设计。
3. 围绕某一教学内容,应用本章所学的知识,进行信息化教学模式的设计。
4. 体会信息技术与课程融合,树立信息技术支持教学过程设计的自觉意识。

主要内容

信息技术的发展对教学过程中的教学模式产生一定的影响,而在教学过程中教学模式占据重要的地位。本章在介绍信息技术与课程整合的基础上,着重介绍几种有代表性的信息化教学模式。

知识结构

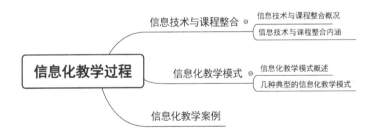

第一节 信息技术与课程整合

一、信息技术与课程整合概况

信息技术与学科教学的整合是将信息技术与课程整合的教学问题融入学生的学习活动中,加深学生在学习活动过程中对信息技术与课程整合的理解和体验,强调学生合作学习、独立思考和反思的能力。在与学科教学整合的过程中,学科知识是传播的主要载体,信息技术是传播的主要手段。在信息技术与课程整合中,可以从以下六个方面进行考虑。

(一) 学习理念整合

在信息技术与课程整合中,有必要整合学习理念。对信息技术或其他学科知识而言,知识的研究都需要以新的知识和学习概念为基础。知识不是无形的客观事物,而是人类创造的一种暂时的解释和假设。它具有主观和客观统一、相对性、情境性、社会文化性、复杂性、工具性和隐蔽性的特点。向学生传授现成的知识和技能不是主要的,重要的是以学生为主体,创造一定的环境,提供一定的任务、资源、工具和支持,培养学生自主建构知识、创造知识和灵活运用知识的能力。

(二) 学习目标整合

课程的学习目标通常包括信息获取、组织、操作和评估技能,解决实际问题和创造力的能力、学习能力、批判性思维能力、社交沟通和协作技能。要有效实现信息技术与课程整合,必须从学习目标入手,这样才能保证信息技术服务于学习目标的主方向。

(三) 课程标准整合

在具体教学过程中,教师经常需要按照一定的课程标准进行教学,这就要求我们明确信息技术与课程标准的整合点,即在课程标准中明确信息技术课程内容和其他与之相关的课程内容。

(四) 学习内容整合

信息技术技能学习和其他学科知识学习都要经历一个发展过程,这两个方面的发展过程应该结合起来。在整合实践中,教师需要考虑信息技术技能水平与其他学科知识水平之间的互动与协调。在其他课程中学习某一特定内容时,如果需要使用信息技术技能作为学习工具,则应事先在信息技术课程中学习这些技能,以便为学习内容做好准备。

(五) 学习方式整合

学习方式是课程最基本的要素之一,教师将信息技术与课程进行整合,既是内容的整合,也是学习方式的整合。教师在运用信息技术工具设计和组织课程教学时,要考虑学生对信息技术工具的接受程度和操作熟练程度。

(六) 教学媒体整合

在信息技术与课程整合的过程中,除了需要发挥新教学媒体的优势之外,传统教学媒体如黑板、模型、投影仪、纸笔等的作用不容忽视。教学媒体整合要以服务教学目标为最终导向,不能机械地应用信息技术和手段,也不能代替学生对某些情感活动的体验和思考过程。

二、信息技术与课程整合内涵

(一) 信息技术与课程整合的概念

关于信息技术与课程整合,教育技术领域的许多学者有着不同的理解,举例如下。

(1) 何克抗:通过将信息技术有效地融入各学科的教学过程中,创造新的教学环境,以充分体现学生作为主体的地位,以"自主、探究、合作"为特征的新的教与学方式,使传统的以教师为中心的课堂教学结构发生了根本性的变化。

(2) 莫里森·劳德:计算机整合课程指的是学生通过计算机来组织和处理数据或信息以解决问题,同时学习新的内容和新的技能。

(3) 顾小清:以设计为核心的课堂技术应用,以课程为主体,体现信息技术在课程教学中的工具作用。

(4) 李克东:课程整合是指在课程教学中结合信息技术、信息资源、信息方法、人力资源、课程内容的一种新的教学方法,以共同完成课程的教学任务。

(5) 南国农:以工具的形式将信息技术融入课程,即将信息技术融入课程教学的要素,使其成为教师的教学工具、学生的认知工具、重要的教材形式、主要的教学媒体,或将信息技术融入课程教学的各个领域,成为学习的对象和手段。

(二) 信息技术与课程整合的目标

信息技术与课程整合目标可分为总目标和具体目标。总目标为构建数字化教育环境,推进教育信息化进程,促进学校教学方法的转变,培养学生的创新精神和实践能力,实现信息化的素质教育。具体目标可以表述如下。

1. 优化教学过程,提高教学质量和效益

信息技术与课程整合的实质是将以计算机和网络为核心的信息技术应用于教学环境和认知工具,以先进的教育思想和教育理论为指导,促进学生的学习。优化教学过程就是将教学资源与教学要素以及教学环节相结合,相互融合在一起,打破传统的教学方式,进而提高教学质量。

2. 培养学生的信息素养

培养学生获取、分析、处理和利用信息的知识和能力,为学生奠定全面坚实的信息文化基础,在虚拟环境中具有批判和理解信息内容的能力,具有良好的道德和法律意识。

3. 培养学生掌握信息时代的学习方式

网络大量的信息改变了学生学习的方式,学生的学习从被动的接受式,转变为自主学习、探究学习、研究学习、协作学习。新的学习方式要求学习者必须能够利用资源进行学习,学会在数字环境中独立发现,学会使用网络通信工具进行咨询和交流,合作和讨论学习,并学习使用信息处理工具和创意平台来练习和创造学习。

4. 培养学生终身学习的态度和能力

在信息时代,知识的更新速度加快,出现了更多的新兴学科和交叉学科。在科学技术和社会结构发生巨大变化的背景下,学习者需要积极获取知识,能够融入日常生活实践,能够独立学习,自我组织,控制整个学习过程,对学习进行自我评估。

(三) 信息技术与课程整合的原则

信息技术与课程整合是将信息技术有机地融合在各学科教学过程中。但整合不等于混合,在使用信息技术之前,教师必须了解信息技术的优点和缺点,了解学科教学的需要。在整合过程中,教师应设法找出信息技术能提高学习效果的地方,使学生能够利用信息技术完成其他方法无法完成或不能有效完成的学习任务。

1. 运用教育理论指导课程整合的实践

现代的学习理论很多,每种理论都有其正确的一方面,然而,在教学实践中,没有任何一种理论具有普适性,也没有任何理论可以取代其他理论,成为唯一的指导理论。建构主义学习理论主张为学生提供必要的环境和广阔的建构空间来建构他们的理解,使学生能够自主地、不自觉地学习。通过信息技术来创设情境,使学生能够方便地理解建构意义。

2. 根据学科特点构建整合的教学模式

每门学科的特点不同,对学生的要求也不同。例如,语言教学主要培养学生使用语言的能力,能否正确、流利地表达自己的思想的能力,能否较好地与他人交流的能力。而数学学科主要培养学生的逻辑思维能力,重点应在开发学生的认知上。物理和化学实验主要培养学生的操作能力,不能用计算机模拟实验代替,如果这样做就会违背教学目标中对学生动手能力的培养。

3. 根据教学内容选择整合策略

根据教学对象的不同,信息技术与课程整合实施的教学策略也不同。对于不同类型的学生,他们的学习效果会受到学习环境和学习方法的影响。如果一些学生不能主动处理外来信息,喜欢有人际交流的学习环境,需要明确的指导和讲授。另一些学生更愿意在认知活动中独立学习和进行个人研究,更能适应松散的教学方法或个人学习环境。

4. 运用"学教并重"的教学设计理论来进行课程整合的教学设计

对教师来说,比较熟悉的教学设计理论主要是"以教为主"和"以学为主"。其实比较理想的方法是将"以教为主"和"以学为主"两种教学设计理论结合起来,形成"学教并重"的教学设计理论。"学教并重"理论既能满足教师的主导作用,又能体现学生的主体作用。

5. 个别化学习和协作学习的和谐统一

信息技术为我们提供了一个开放的实用平台。对于相同的任务,不同的学生也可以使用不同的方法和选择不同的工具来完成。这种个性化的教学策略有助于充分发挥学生的主动性。我们不仅要为学生提供单独的学习机会,还要组织学生进行协作学习。

第二节 信息化教学模式

一、信息化教学模式概述

（一）信息化教学模式的含义

模式是指对某一过程或系统的简化及特征的表示；教学模式是指在相关教学理论和实践框架的指导下，为达到一定教学目标而构建的教学活动结构；信息化教学模式是指基于技术的教学模式和数字化的学习模式。

（二）信息化教学模式的分类

从教学系统的结构关系来看，教学模式可以分为"以教师为中心""以学生为中心""以教师为主导，以学生为主体"三类。

从教学组织形式来看，教学模式可以分为班级教学、小组教学、个别化教学三类。

二、几种典型的信息化教学模式

典型的信息化教学模式有操作与练习、教学模拟、虚拟教室、基于项目的教学模式、WebQuest教学模式等。

（一）操作与练习

操作与练习模式是由计算机向学生一个个地呈现问题，学生在计算机上作答，计算机给出适当的技术反馈。该模式是发展历史最长而且应用最广的信息化教学模式，并不向学生教授新的内容。例如，在中小学的英语教学中，可以采取此模式提高学生对单词的记忆，英语单词全能记忆王就是一款专门记忆单词的软件，如图 5-1 所示，中小学生可以利用此软件选择书本，进行分组，选择学习方法，进而开始学习。

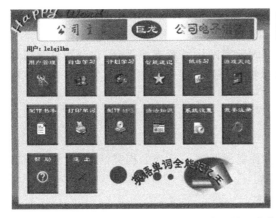
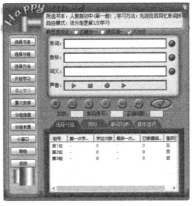

图 5-1　英语单词全能记忆王

（二）教学模拟

教学模拟是利用计算机仿真技术来表现某些系统的结构和动态，为学生提供一种可供他们体验和观测的环境。例如，在生物课的教学中，可以模拟动植物生态系统；在历史课的教学中，可以模拟一些历史演变；在物理课的教学中，可以模拟一些教学实验。

教学模拟软件在教学中使用的方法有三种：①演示法，在课堂教学时，教师首先告诉学生系统的基本原理，然后用模拟程序来展示，以帮助学生加深对原理的理解。②实验法，通过操作仿真系统，使学生掌握实验步骤，进入实际实验室，有效地减少实验中的操作误差。这时，计算机模拟实验在准备实验中起了作用，还可以用计算机模拟实验代替实际实验。③探索法，让学生在模拟的教学情境中进行探索和研究，去发现隐藏在其中的规律。也有一些虚拟仿真网站提供一些实验，如图5-2所示，学生可以在网络上用计算机模拟一些物理、化学、生物等实验来代替实际实验。

图5-2　中小学虚拟仿真实验实训系统平台

（三）虚拟教室

虚拟教室是一个基于建构主义理论的数字网络教育支撑平台，它利用计算机多媒体技术、网络技术、现代通信技术等，为师生提供与传统课堂相似的、不受时间和地域限制的网络教学环境。

（四）基于项目的教学模式

基于项目的教学模式主要借助于各种资源开展一系列的探究活动，主要学习和研究某种学科的概念，最后的结果是制作作品。

基于项目的教学模式的操作程序如下。

1. 选定项目

项目选择在基于项目的学习中起着主导作用,这关系到整个学习过程能否达到预期的效果。项目的选定不仅应该是实际发生的问题,还应该考虑学生个人的兴趣。

2. 制订计划

对活动的计划和具体的实践做出安排。

3. 活动探究

这部分是学习的主体部分,学生应进行必要的信息搜集、实地调查和研究,提出问题并加以解决,并对提出的假设做出支持或积极的结论。学生的学习技能大多在这个阶段完成。

4. 作品制作

基于项目的学习活动的成果应该是某种形式的作品。作品可以以多种形式表达,如幻灯片演示、报告等,通过展示学生的作品,能够反映出学生在完成项目过程中所掌握的技能。

5. 成果交流

学生制作完成作品以后,以小组为单位,要分组进行交流、学习,并且分享自己在制作作品过程中的心得体会。成果交流的形式可以多样化,不一定非要以报告的形式,也可以辩论赛等形式交流成果。

6. 活动评价

略。

教学案例:《岩石会改变模样吗?》

下面以小学"岩石会改变模样吗?"这一项目主题为例,详细介绍其教学设计和教学组织过程。

1. 框架结构

单元标题:岩石会改变模样吗?

基本问题:岩石变化的原因是什么?

单元问题:探索岩石变化的原因。是什么原因改变了地形地貌?

内容问题:观察不同岩石的变化,查阅相关资料并总结岩石变化的原因;准备相关的材料模拟岩石变化的实验,并记录岩石变化的过程;根据模拟实验的现象,解释岩石变化的原因;了解什么是风化作用及如何用流程图或图画表示岩石风化的过程;调查家乡的地质景观,并思考这些地质景观形成的原因都有哪些。

单元概述:在自然界有多种多样的岩石,在学生固化的印象中岩石都是坚硬无比的,而许多的岩石经过某些原因并非像学生想象的那样坚硬无比,那么是什么原因使它们发生了变化呢?坚硬的岩石发生变化,并导致地表形态发生变化,都形成了哪些自然景观呢?要知道这些答案,需要先了解三个问题:①岩石为什么会变化?总结岩石变化的原因都有哪些?②什么是风化作用?风化作用有什么样的影响?③调查家乡地质景观,并思考这些景观形成的原因都有哪些。

2. 任务项目

(1) 分小组,6人为一个小组,组长分工,1人观察,1人做实验,1人搜集资料,1人拍视频,1人汇报,1人记录。

(2) 通过观察,推测岩石变化的原因,并记录下来。

(3) 做实验验证自己的假设是否正确。

3. 教学过程

(1) 出示图片:河滩上光滑溜圆的卵石、一层层破碎的岩石。原本有棱有角坚硬的石头为什么会变成这样呢?引发学生联想更多司空见惯而没有多加思考的类似现象,让学生对岩石的变化做出自己的猜测。

(2) 把自己的猜测记录下来,和小组成员一起讨论。在自己解释的基础上,通过实验或其他方法(找相关的视频资料,或自己提前实地录制视频),来验证自己的推测和解释。

(3) 明确学习的切入点。冷和热的作用会使岩石的模样发生变化吗?流水的作用会使岩石的模样发生变化吗?植物的作用会使岩石的模样发生变化吗?动物的活动会使岩石的模样发生变化吗?

(4) 各小组从上述四个作用会使岩石模样发生变化的模块中,找一个感兴趣的模块进行实验研究,验证这种作用会使岩石的模样发生改变。通过筛选的方法来确定各小组的分工模块,分工设计实验研究。

(5) 各小组的实验完成以后,小组间进行交流讨论,对实验结果进行整合,并对小组的整合内容进行记录,分类梳理。

(6) 教师对学生的实验整合记录进行总结说明,通过小组间讨论,学生对自己研究报告中的不足再进行修改,然后各小组汇报自己的研究成果。

4. 教师总结

外力对岩石的风化作用分为物理风化(又叫机械风化)及化学风化。

5. 评价方式

(1) 小组内部的自我评价与总结。

(2) 小组与小组之间的评价与总结。

(3) 教师的评价与总结。

6. 拓展延伸

用流程图或者图画的形式表示岩石风化的过程。以小组的形式调查家乡独特的地形地貌(拍摄微视频记录),然后小组交流是什么原因导致了这种地貌的形成,并记录这些发现。

7. 成果展示

把小组拍摄的微视频和小组完成的过程对其他学生进行汇报，教师可以将表现优秀的小组作品推送到学校的网站中，分享给其他的教师、学生、家长欣赏。

（五）WebQuest 教学模式

WebQuest 教学模式是一种基于网络的专题探究学习活动，其组织与实施过程如下。

1. 创设教学情境

教师为了激发学生参与学习活动的积极性，应该利用多媒体技术创设一种可供学生探索的教学情境。这部分主要提供背景信息、动机因素和学习目标，以引出与学习目标相关的研究主题。这些主题源自真实环境中的虚拟任务，使学生能够在真实事件中解决问题或发挥创造力。教师设计一个具有一定挑战性的学习情境，供学生探索。

2. 设计学习任务

教师设计学生的学习任务要符合学生的实际情况，不能设计得太难或太简单。任务太难学生会觉得难以达到；任务太简单学生会觉得没有挑战性。只有适中，让学生觉得通过自己的努力可以达到，才能使其产生兴趣。教师设计有一定难度的任务，可以进行划分，分成一些子任务，要求学生通过自己的努力来解决问题。

3. 设计任务过程

教师通过过程的设计，给学生提供完成任务所需要的步骤，进而培养学生的思维能力。教师可以将提供给学生的复杂任务分成一个一个步骤，每一步可以给学生提供一些有效的建议，指导学生利用收集到的信息进而解决比较复杂的问题。

4. 组织学习资源

教师通过网络，筛选出与主题相关的一些资源，为学生完成任务提供支持。这些资源包括一些网站的网址、相关的电子期刊，以及其他一些在线和离线资源。教师只提供解决问题的资源，学生根据教师提供的资源进行探索和研究。

5. 设计评价量规

在学习过程中，要对学生的学习过程和结果进行评价，就需要一套评价标准。这套标准从学生的学习过程、结果、态度和情绪各个方面对学生的学习进行评估。

6. 制作 WebQuest 网页

教师可以通过网页制作工具，制作标题、任务、过程、各种资源、活动评价等栏目，构建方便学生进行交流和学习的网络学习环境，学生可以借助网络环境完成相应的学习任务。

7. 总结学习活动

活动最后，教师应该对此次探究式的学习活动进行总结，学生要反思，哪些地方做得好，哪些地方还需要改进。教师应该对此次探究活动中学生做得好的地方进行表扬和鼓励，对需要注意的地方提出来，进而拓展和概括所学知识。

教学案例：小学英语《Harry's Trouble》

1. 课程内容简介

一只名叫赫利的小刺猬总是被自己坚硬的刺弄得苦恼。它不能和大家玩跳背游戏，不能和大家打篮球，不能和大家用游泳圈游泳，不能和女孩跳舞。它多么想拥有像小松鼠一样柔软的皮毛。但有一天发生的事改变了它的主意。一只可憎的狼骚扰它的同伴，每个人都非常害怕，只有它用自己的刺勇敢地打败了狼。大家都为它骄傲，最后它们找到了一个很好的方法和赫利来玩。

小学英语
教学案例

2. 教学环境分析

本课教师用到了视频会议系统、触控一体机、电子书包、VR。

3. 教学过程分析

这节英语课(图 5-3)教师分为四部分来完成，第一部分为导课，教师通过视频会议系统连接香山里小学与西藏林芝第一小学，通过学生课前录制的视频作品导入新课；第二部分为讲授新课，学生通过百词斩单词视频进行新单词的学习，用 VR 回答问题；第三部分为自主探究，学生通过视频会议的互动，画思维导图，进行成果分享来达到课堂提升；第四部分为总结，教师引导学生分享观点，布置作业。

图 5-3　小学英语《Harry's Trouble》课堂

4. 信息技术应用分析

本课程案例应用到的信息技术如表 5-1 所示。

在整个教学过程中，信息技术使得课堂图文声像并茂，优化了学习环境，很好地调动了学生的积极性。并且有助于增强远程学习者之间的合作性，有利于激发学生的学习兴趣和认知主体作用的发挥。

表 5-1　信息技术应用分析表

教学阶段	教师活动	学生活动	技 术 应 用
导课	展示学生课前视频作品	展示课前作品	1. 课前作业:录视频,讲英语 2. 视频会议系统:连接香山里小学与西藏林芝第一小学 3. 电子书包:评价
讲授新课	引导	看动画视频 体验VR、回答问题	1. 动画视频 2. VR技术 3. 电子书包:答题、智能阅卷
学单词		看视频	百词斩单词视频
读课文	引导	读课文	电子书包:倒计时工具
自主探究	引导	画思维导图 分享成果 上传成果	1. 视频会议系统互动 2. 电子书包:画思维导图、倒计时工具、魔格APP
总结	引导、布置作业	分享观点	1. 电子书包:魔格APP 2. 背景音乐

思考与练习

1. 谈谈对"信息技术与课程整合"的理解,并举例说明。

2. 常见的教学模式有哪些?

3. 选择中小学某一学科教学内容,应用本章所学的知识,进行信息化教学模式的设计,并与同学交流分享。

学习资源链接

1. 赵呈领,杨琳,刘清堂.信息技术与课程整合[M].2版.北京:北京大学出版社,2015.

2. 钟志贤.信息化教学模式——理论建构与实践例说[M].北京:教育科学出版社,2005.

3. 南国农.信息化教育概论[M].北京:高等教育出版社,2004.

4. 何克抗.如何实现信息技术与教育的"深度融合"[J].课程·教材·教法,2013(10).

第六章
信息化资源的采集和处理

学习目标

1. 了解信息化资源的概念。
2. 理解信息化资源的分类。
3. 高效采集和熟练处理各类信息化资源。

主要内容

信息化资源的采集和处理能力是信息化教学的基本功,它决定着信息化教学的效果和成败。本章在介绍信息化资源的概念和分类的基础上,着重介绍搜索技术的应用和五种媒体的处理方法,为以后的信息化资源整合和制作奠定扎实基础。

知识结构

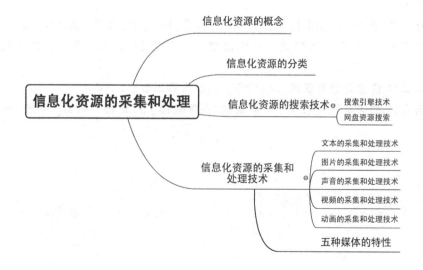

第一节　信息化资源的概念

信息化资源是伴随着互联网的诞生而诞生的,从广义上讲,信息化资源即互联网上的一切资源,如网上新闻、网上图书馆、视频课程等。从狭义上讲,信息化资源是指信息技术环境下的各种数字化素材、课件、网络课程以及各种认知情感和交流工具等多媒体素材以及集成的作品。

第二节　信息化资源的分类

信息化资源的分类因标准的不同而纷繁复杂,本章重点讲解多媒体资源。

多媒体的英文是 Multimedia,它由 media 和 multi 两部分组成。一般理解为文本(Text)、图片(Picture)、声音(Sound)、视频(Video)、动画(Animation)五种媒体的综合。多媒体技术不是各种信息媒体的简单复合,它是一种把文本、图片、声音、视频、动画五种信息按照一定的思想组织起来,并通过计算机进行综合处理和控制,能支持完成一系列交互式操作的信息技术。

对文本、图片、声音、视频、动画这五种媒体素材的采集和处理是制作课件和微课的技术基础。

第三节　信息化资源的搜索技术

互联网犹如知识的海洋,资源的宝库。如何在这纷繁浩渺的资源中找到自己需要的资源来支持自己的教育教学,已经是一个迫切需要掌握的基本技术。

一、搜索引擎搜索

搜索引擎搜索是利用现有的搜索引擎来进行资源搜索。如百度、360 等。下面以百度为例示范搜索过程。

(一) 关键字搜索

在搜索引擎中直接输入关键字来进行搜索。这是最简单便捷的使用方式,效率高、速度快,但是搜索结果可能会包含许多无用信息或者大量广告。例如,想了解大雁塔的历史知识,在搜索引擎中输入"大雁塔"三个字,搜索结果可能是与大雁塔相关的其他信息,如图 6-1 所示。

图 6-1 输入"大雁塔"后的搜索结果

（二）用英文双引号精准搜索

把关键字输入在英文双引号之间可以实现精确的查询，这种方法要求查询结果要精确匹配，不包括演变形式。例如，在搜索引擎中输入："大雁塔"，搜索结果会与想要的信息高度匹配，如图 6-2 所示。

图 6-2 用英文双引号精准搜索"大雁塔"

二、网盘资源搜索

随着云技术的发展，现在越来越多的各类资源被放在了云盘上，可以通过云盘搜索技术快速获取各种资源。例如需要"现代教育技术"相关的资源，就可以通过"大力盘"（https://www.dalipan.com）来获取保存在各个网盘中的相关资源，如图 6-3 所示。

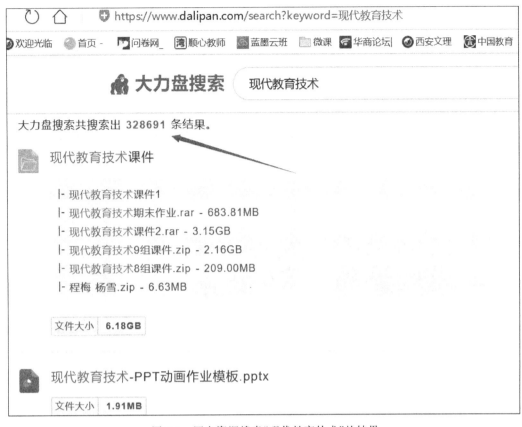

图 6-3　网盘资源搜索"现代教育技术"的结果

第四节　信息化资源的采集和处理技术

一、文本的采集和处理技术

文本是以文字和各种专用符号表达的信息形式,它是现实生活中使用得最多的一种信息存储和传递方式。

（一）文本的采集

（1）直接通过键盘输入所需要的文本。

（2）运用扫描仪,将自己需要的文本素材,经过扫描仪扫描成图片,再运用文字识别软件进行识别处理,获取所需的文本素材。

（3）从互联网上下载所需的文本。

（4）利用手机对文字进行拍照后用 QQ 软件中的提取图片文字功能和相关的微信小程序,获取所需要的文本。

（二）文本的处理

把采集到的文本素材进行适当的处理，可以使得文本更具艺术性、专业性和感染力。

1. 在 PPT 中处理

在 PPT 2016 中可以对文本进行一定的处理，如图 6-4 所示。

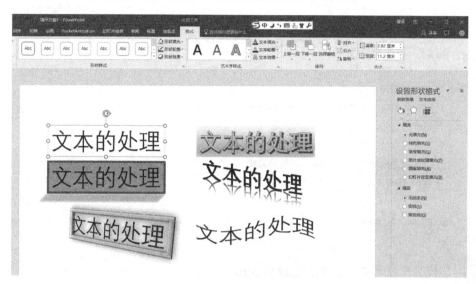

图 6-4　文本的处理

2. 在 Photoshop 软件中制作透明字

在 Photoshop 中制作透明字的方法如下。

（1）打开 Photoshop 软件，新建一个透明文档，如图 6-5 所示。

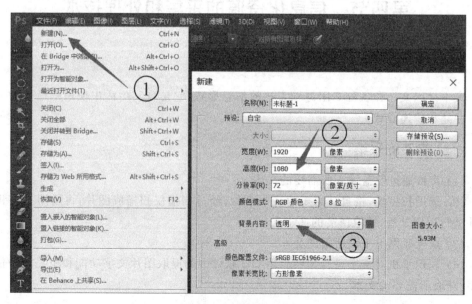

图 6-5　新建透明文档

(2)输入文字并设置文字属性,如图 6-6 所示。

图 6-6　设置文字属性

(3)添加图层样式并设置参数,如图 6-7 所示。

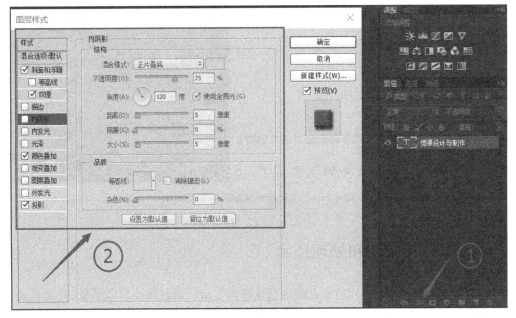

图 6-7　添加图层样式

（4）将文档保存为 PNG 格式，如图 6-8 所示。

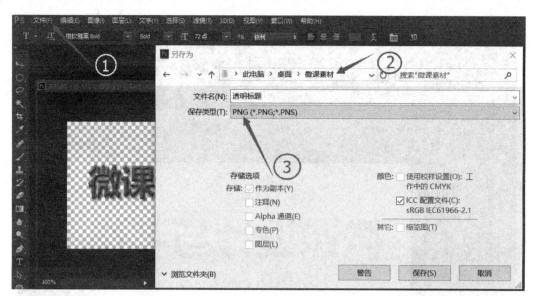

图 6-8　保存透明字

3. 在线制作形状透明文本

制作透明文字

通过网址 https://www.asqql.com/gifxxwz/ 可以简单、快速、高效地获取各种形状的透明文本，如图 6-9 所示。

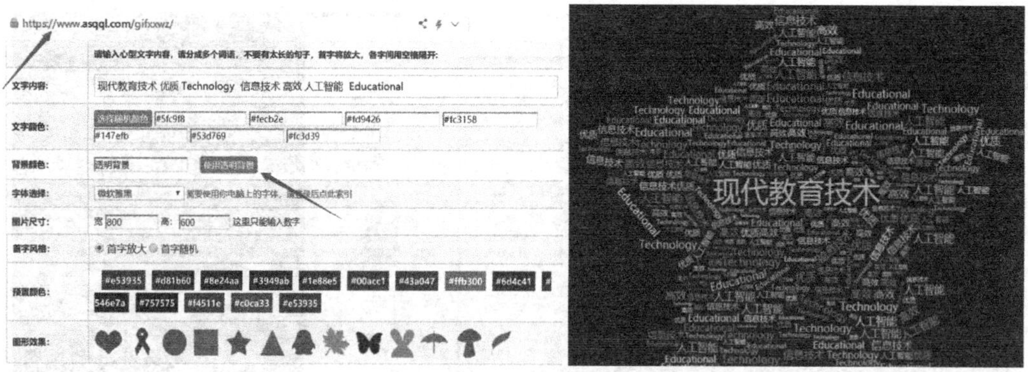

图 6-9　在线制作各种形状的透明文本

二、图片的采集和处理技术

与抽象的文本相比，图片所包含的信息量极其丰富。通过图片可以形象、直观地表达出大量的信息，将抽象的内容转化为较直观的形式，易于学习者理解和接受。

(一)图片的种类

按照图片的构成原理来分,图片一般分为两种:矢量图和位图。

(1)矢量图又称图形,在教学上定义为一系列中线连接的点。矢量图最大的优点是无论放大、缩小或旋转等都不会失真;最大的缺点是难以表现色彩层次丰富的逼真图像效果。Adobe 公司的 CorelDraw 是众多矢量图设计软件中的佼佼者。

(2)位图又称图像,是由一个个的像素点组成的。位图的最大优点是能够表现丰富的色彩;最大的缺点是不能够无限放大,否则就会出现"马赛克"现象。

常见的几种图片格式与特点如表 6-1 所示。

表 6-1 常见图片的格式与特点

种类	格式	特 点
位图	BMP	是一种位图(BitMap)文件格式,它是一组点(像素)组成的图像,是 Windows 系统下的标准位图格式,使用很普遍。其结构简单,未经过压缩,一般图像文件会比较大。它最大的好处就是能被大多数软件"接受",可称为通用格式
	JPEG	是应用最广泛的图片格式之一,它采用一种特殊的有损压缩算法,将不易被人眼察觉的图像颜色删除,从而达到较大的压缩比
	PNG	与 JPG 格式类似,网页中有很多图都是这种格式,压缩比高于 GIF 格式,支持图像透明,可以利用 Alpha 通道调节图像的透明度
	PSD	是图像处理软件 Photoshop 的专用图像格式,能保存图层等多种信息
矢量图	CDR	是 CorelDraw 中的一种图形文件格式。它是所有 CorelDraw 应用程序中均能够使用的一种图形图像文件格式
	AI	是一种矢量图形格式,是 Adobe 公司的 Illustrator 软件的输出格式,与 PSD 格式文件相同,AI 文件也是一种分层文件,用户可以对图形内所存在的层进行操作

(二)图片的采集

采集图片一般采用拍摄、截图和网络下载三种方式。

(1)拍摄:用数码相机或手机通过拍摄获取图片。

(2)截图:可用键盘截图键(PrtScn)截图。

- 360 浏览器截图:通过快捷键 Ctrl+Shift+X。
- Win7 自带的截图工具:搜索"截图工具"即可调出截图工具。
- QQ 截图:通过快捷键 Ctrl+Alt+A。
- 搜狗输入法:通过快捷键 Ctrl+Alt+W。

(3)网络下载:通过互联网搜索图片资源并下载。

(三)图片的处理

图片的处理一般通过专业软件 Photoshop 来完成。

1. 图片的修复

一般采用 Photoshop 软件进行简单的图片修复,详细步骤如下。

(1) 在 Photoshop 中打开要修复的图片,单击"修复画笔工具",如图 6-10 所示。

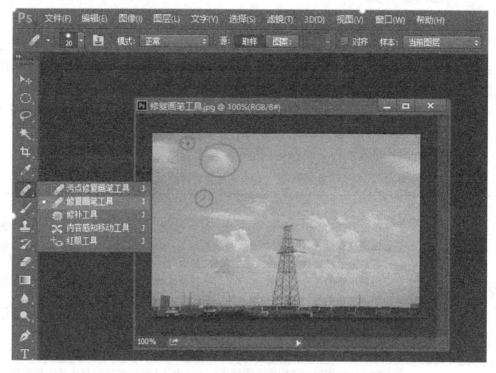

图 6-10　单击"修复画笔工具"

(2) 按下 Alt 键后,在适当的地方左击定义用来修复图片的源点,如图 6-11 所示。

图 6-11　定义修复图片的源点

(3) 设置"修复画笔工具"的大小和硬度等属性,如图 6-12 所示。

图 6-12　设置"修复画笔工具"的属性

(4) 用"修复画笔工具"对需要修复的地方进行涂抹,最终效果如图 6-13 所示。

图 6-13　最终效果图

图片的修复

2. 图片的合成

(1) 用 Photoshop 软件同时打开要合成的两张图片,如图 6-14 所示。

图 6-14　打开素材

(2) 关闭"效果图"文档,用"移动工具"将"素材 2"中的图像拖到"素材 1"中,并重合放置,如图 6-15 所示。

图 6-15　移动素材

(3)关闭"素材 2",单击"矢量蒙版"按钮,添加矢量蒙版,如图 6-16 所示。

图 6-16　添加矢量蒙版

(4)设置前景色为黑色,背景色为白色。选择"画笔工具",并设置画笔的大小和硬度等属性,如图 6-17 所示。

图 6-17　设置画笔属性

(5) 用画笔在矢量蒙版上涂抹,如图 6-18 所示。

图 6-18　用画笔在矢量蒙版上涂抹

最后得到的效果,如图 6-19 所示。

图 6-19　效果图

图片的合成

三、声音的采集和处理技术

声音是事物不可或缺的属性。在制作资源的过程中离不开对声音的采集和处理。

(一) 常见声音格式

声音的格式种类较多,最常用的格式是 WAV 和 MP3 格式,如表 6-2 所示。

表 6-2　声音文件的常见格式与特点

格　　式	特　　点
WAV	是 Microsoft 公司的音频文件格式,它来源于对声音模拟波形的采样。用不同的采样频率对声音的模拟波形进行采样可以得到一系列离散的采样点,以不同的量化位数(8 位或 16 位)把这些采样点的值转换成二进制数,然后存入磁盘,这就产生了声音的 WAV 文件,即波形文件
MPEG-3	扩展名为 MP3,是现在最流行的声音文件格式,因其压缩率大,在网络可视电话通信方面应用广泛
MIDI	是 Musical Instrument Digital Interface(乐器数字接口)的缩写。它是由世界上主要电子乐器制造厂商建立起来的一个通信标准,以规定计算机音乐程序、电子合成器和其他电子设备之间交换信息与控制信号的方法。MIDI 文件中包含音符定时和多达 16 个通道的乐器定义,每个音符包括键通道号、持续时间、音量和力度等信息。所以 MIDI 文件记录的不是乐曲本身,而是一些描述乐曲演奏过程中的指令
CD	cda 格式即 CD 音轨。标准 CD 格式是 44.1K 的采样频率,速率 88 千字节/秒,16 位量化位数,因此 CD 音轨可以说是近似无损的

(二) 声音的采集

声音的采集有网络下载和软件录制两种。

(1) 网络下载:通过专门网站或客户端下载所需声音。

(2) 软件录制:使用专业软件通过计算机录制声音,例如用 GoldWave 软件来录制解说,录制步骤如下。

① 打开 GoldWave 软件,单击"新建"按钮,设置初始参数,单击"确定"按钮,如图 6-20 所示。

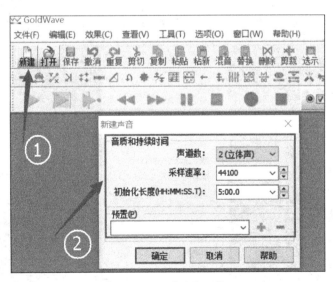

图 6-20　新建声音文件

② 在计算机上连接麦克风,单击"录音"按钮开始录音,如图 6-21 所示。

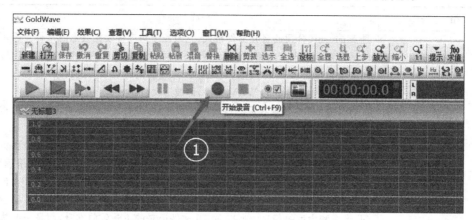

图 6-21　录制声音文件

（三）声音的处理

声音的录制

1. 声音的截取

一般采用 GoldWave 软件进行声音的截取,步骤如下。

（1）用 GoldWave 打开一个声音文件,并右击设定所要截取的范围,如图 6-22 所示。

图 6-22　选定截取范围

（2）选定范围后，单击"复制"按钮，如图 6-23 所示。

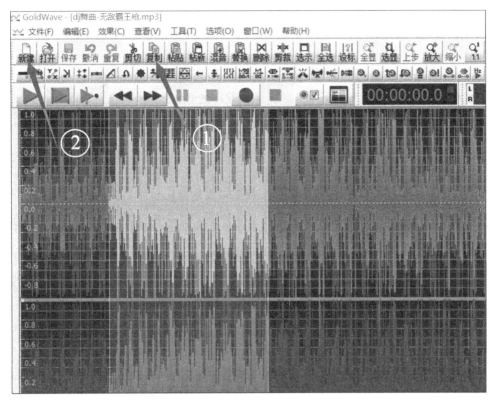

图 6-23 区域的复制

（3）新建一个文档，单击"粘贴"按钮，并将该文档保存，如图 6-24 所示。

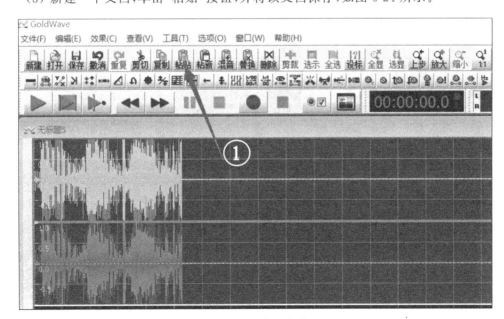

图 6-24 文档的保存

2. 声音的合成

(1) 同时打开两个声音文件,如图 6-25 所示。

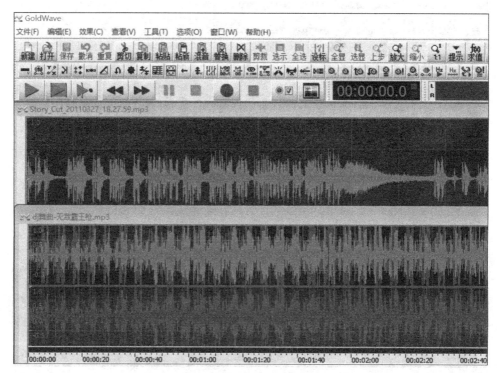

图 6-25　打开两个声音文件

(2) 选择声音强度较大的文件,执行"全选"(Ctrl+A)和"复制"(Ctrl+C)命令。激活(单击)另一个声音文件窗口,执行"混音"命令。拖动滑块,调整两个声音的混合比例。最后单击"确定"按钮。最后将此声音文件保存,如图 6-26 所示。

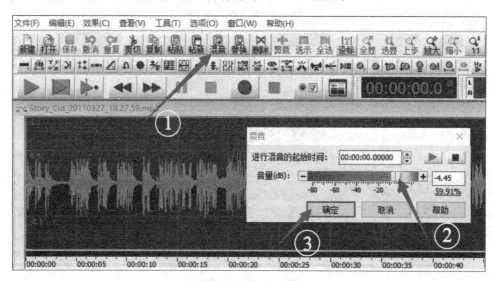

图 6-26　声音的合成

四、视频的采集和处理技术

视频是对事物运动状态及变化发展过程的真实记录,最形象也最具有权威性。

(一) 视频的种类

视频的格式繁多,常用的是 AVI、MP4 和 FLV 格式,最终生成的视频资源通常采用 MP4 格式,如表 6-3 所示。

声音的处理

表 6-3 常见视频的格式与特点

格 式	特 点
AVI	英文全称为 Audio Video Interleaved,即音频视频交错格式。所谓"音频视频交错",就是可以将视频和音频交织在一起进行同步播放。这种视频格式的优点是图像质量好,可以跨多个平台使用,其缺点是体积过于庞大
MPEG	英文全称为 Moving Picture Expert Group,即运动图像专家组格式,家里常看的 VCD、SVCD、DVD 就是这种格式。MPEG 格式是运动图像压缩算法的国际标准,它采用了有损压缩方法从而减少运动图像中的冗余信息。MPEG 的压缩方法说得更加深入一点就是保留相邻两幅画面绝大多数相同的部分,而把后续图像中和前面图像有冗余的部分去除,从而达到压缩的目的。目前 MPEG 格式有三个压缩标准,分别是 MPEG-1、MPEG-2 和 MPEG-4
MOV	是美国苹果公司开发的一种视频格式,默认的播放器是苹果的 QuickTime Player。具有较高的压缩比率和较完美的视频清晰度等特点,其最大的特点是跨平台性,即不仅能支持 Mac OS,同样也能支持 Windows 系列操作系统
RM	Networks 公司所制定的音频视频压缩规范称为 Real Media,用户可以使用 RealPlayer 或 RealOne Player 对符合 Real Media 技术规范的网络音频/视频资源进行实况转播,并且 Real Media 还可以根据不同的网络传输速率制定出不同的压缩比率,从而实现在低速率的网络上进行影像数据实时传送和播放。这种格式的另一个特点是用户使用 RealPlayer 或 RealOne Player 播放器可以在不下载音频/视频内容的条件下实现在线播放
WMV	是一种独立于编码方式的在 Internet 上实时传播多媒体的技术标准,微软公司希望用其取代 QuickTime 之类的技术标准以及 WAV、AVI 之类的文件扩展名。WMV 的主要优点有可扩充的媒体类型、本地或网络回放、可伸缩的媒体类型、流的优先级化、多语言支持、扩展性等
FLV	是 Flash Video 的简称,FLV 流媒体格式是一种新的视频格式。由于它形成的文件极小、加载速度极快,使得网络观看视频文件成为可能,它的出现有效地解决了视频文件导入 Flash 后,使导出的 SWF 文件体积庞大,不能在网络上很好地使用等缺点

(二) 视频的采集

视频的采集有人工拍摄、网络下载、人工录屏三种方式。

(1) 人工拍摄：用摄像机或手机拍摄视频。
(2) 网络下载：用客户端或专业软件下载视频。
(3) 人工录屏：用专业软件通过录制屏幕动态信息来获取视频（具体参见第九章）。

（三）视频的处理

视频的处理参照本书第九章的详细介绍。

五、动画的采集和处理技术

动画是人为的对事物运动状态及变化发展过程的模拟想象描述。

（一）动画的种类

计算机动画目前最主流的格式就是 SWF 格式。也可以把动画文件看作一种视频文件。

（二）动画的采集

动画的采集有网络下载和人工制作两种方式。
(1) 网络下载：用客户端或专业软件下载动画。
(2) 人工制作：难度较小的动画可以用 Flash 软件自行制作，难度较大的动画可以委托专业的动画公司来制作。

（三）动画的编辑

动画可以通过 Flash 等动画软件来编辑完成。目前，随着技术的不断发展，也可以轻松高效地通过在线的方式来制作动画，例如，https://goanimate.com/、https://www.yoya.com/等。

六、五种媒体的特性

五种媒体的特性各不相同，只有深刻理解和认识这五种媒体各自的特点，才能更好地把握和应用，如表 6-4 所示。

表 6-4　五种媒体的对比

媒体	特点	应用
文本	抽象	主要用于显示标题、阐述原理
图片	形象	主要用于背景的渲染、事物的表示
声音	不可或缺	主要用于解说、背景音乐、效果声
视频	形象、权威性最高	主要用于真实记录展示事物运动变化发展过程
动画	形象、模拟性强	主要用于人为模拟描述事物运动变化发展过程

思考与练习

信息化教学资源的采集和处理是一项基本功,请教师组织、引导学生讨论还有哪些关于资源采集和处理的技术及技巧。

学习资源链接

1. 搜索引擎技术.https://baike.so.com/doc/6229169-6442495.html.

2. 苏云.搜索引擎 Google 检索技巧研究[J].甘肃科技,2015(2).

3. 教学资源的搜集、筛选和应用.http://blog.sina.com.cn/s/blog_d0c91a780102vxr1.html.

4. 杜玉霞,孔维宏,梁瑞仪,等.现代教育技术[M].北京:清华大学出版社,2013.

第七章
多媒体课件的设计与制作

📝 学习目标

1. 了解多媒体课件以及课件的评价标准。
2. 掌握多媒体课件的设计原则。
3. 掌握多媒体课件的制作。

📋 主要内容

信息技术的飞速发展,对教育产生了一定的影响,多媒体课件越来越成为一线教师上课的必备工具。本章从课件的概念出发,让大家认识多媒体课件,了解课件的评价标准,掌握多媒体课件的设计原则和制作过程,帮助大家制作出优秀的课件。

🔍 知识结构

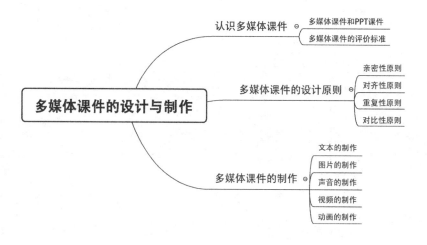

第一节 认识多媒体课件

一、多媒体课件和 PPT 课件

课件是教师为解决特定教育教学问题,达到更好的教学效果,根据课程教学大纲的要求而制作的课程软件。多媒体课件是教师根据教学大纲的要求和教学的需要,进行教学设计,以多种媒体的表现形式和超文本结构制作的课程软件。这里的多种媒体包括文本、图片、声音、视频和动画。

PPT 是美国微软公司开发的办公软件 Office 中的一个组件 PowerPoint 制作的文档的简称,Office 包括 Word、PowerPoint 等组件,是世界上用户最多的办公软件。PPT 作为办公软件的一款,简单容易学习,而且功能特别强大,一线教师常用的多媒体课件就是使用 PPT 制作的,主要用于教师的课堂教学,也可以用来做一些培训等。

图 7-1 是用 PowerPoint 2016 制作的一个 PPT 课件,文件的保存类型为 PPTX 格式,这个文件称为演示文档,在这里称为 PPT 课件。

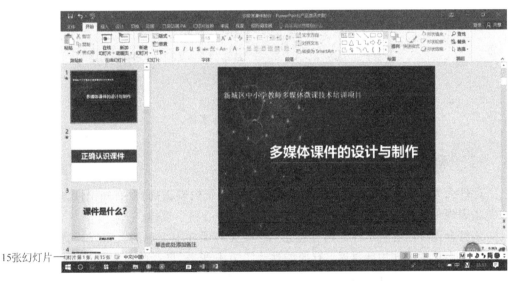

图 7-1 在 PowerPoint 软件中打开课件实例

每个演示文档都由一张或多张幻灯片组成,在这个 PPT 课件中包含 15 张幻灯片,每张幻灯片上可以添加文字、图片、声音、视频、动画等内容。在播放课件时,每张幻灯片都是一个独立的界面。

二、多媒体课件的评价标准

多媒体课件在教师的课堂中和课本一样,是教师上课的标配,能使教学达到更好的效果。

评价一个课件的质量，可以从课件的教学性、科学性、艺术性、技术性四个方面来分析。

（一）教学性

教学性是评价课件最重要的维度。一个课件的本质是看它是否能够解决特定的教育教学问题，我们制作课件的目的就是为了解决一些教学中使用其他手段无法解决的问题，以及教学中的一些难点和重点。所以对一个课件的评价，首先要看它是不是实现了教学目标。如果这个课件不具有教学设计思想与教学策略，只是课本内容的累积，那它肯定不是一个好课件。其次课件内容要通过文本、图片、声音、动画等形式将教师要表达的内容更加生动、直观地表示出来。

如图7-2就是书本搬家的典型案例。没有体现教学设计思想与教学策略，不具有教学性。

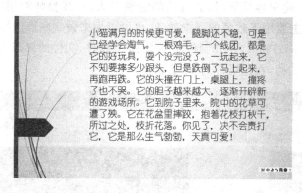

图 7-2 书本内容搬家实例

（二）科学性

课件内容的科学性一般指的是两个方面：一是指内容正确，没有知识性方面的错误；二是指表现形式，所使用的素材、动画与模拟内容符合科学规律。

不符合课件内容科学性的内容包括：一些文科课件中出现的文字或读音上的错误；理科课件中出现的知识性错误；有的课件为了追求新奇，将一些与主体无关的内容或动画元素加入课件，起到的只是干扰教学的作用；还有将课件的教学目的、教学重点、教学难点加入课件，其实这些都是课件的累赘，不符合优秀课件的科学性要求。如图7-3所示为将教学目的加入课件中的实例。

（三）艺术性

课件的艺术性体现在两个方面：一方面，课件中的每个对象字体是否美观，颜色是否匹配；另一方面，课件页面的整个界面设计。除此以外，还有一些因素，如课件中的动画、声音、视频等。

对于课件来说，简洁统一才是最基本的原则；色彩最容易吸引人；声音和动画最容易引人注意；页面构图是课件艺术表现的最重要内容。图7-4～图7-9都是缺乏艺术性的课

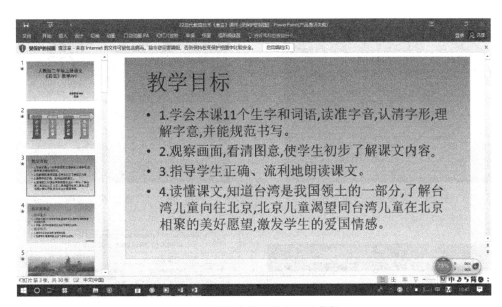

图 7-3　课件中加入教学目的实例

件;其中,图 7-4 模板应用不当;图 7-5 界面太满太乱;图 7-6 用红色做背景,易导致视觉疲劳;图 7-7 背景花纹多余,干扰教学,颜色搭配让人不舒服;图 7-8 文字与背景的颜色对比度不够;图 7-9 界面过于凌乱,图片质量不佳。

图 7-4　模板应用不当实例

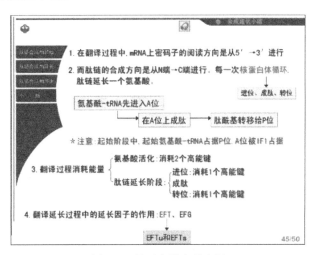

图 7-5　界面太满太乱实例

(四) 技术性

课件的技术性首先要保证课件在不同配置的计算机上能够正常运行,容错能力强。其次课件中的交互性强,能够很方便地在各个页面之间进行切换,对于课件中的导航连接,要连接正确,而且要方便修改。

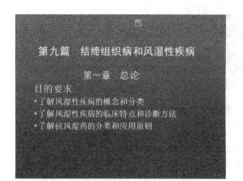

图 7-6　背景色不当实例

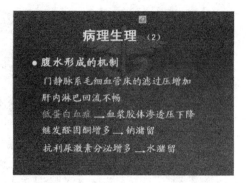

图 7-7　背景不当实例

图 7-8　颜色对比不当实例

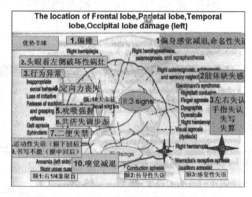

图 7-9　界面凌乱，图片质量不佳实例

第二节　多媒体课件的设计原则

PPT 课件的设计不是一件容易的事，一线教师没有学过设计理论，做 PPT 课件完全凭借本人的直觉，对于具体的设计原则、色彩的选择、字体的使用不是很清楚，效果差强人意。但是对于课件制作来说，设计是最主要的，所以下面介绍 PPT 设计的基本原则。

一、亲密性原则

亲密性原则是指将课件中有关的项在物理位置上相互靠近，就像一家人出去逛街会走在一起，这样，相关的项就会被看作一个整体，而不是毫无关系的片段。

亲密性原则告诉我们，页面设计不要将每个元素之间都留有一样的空白，要将有关的项聚合在一起，在物理位置上要靠近，互不相关的项要拉开距离，整个页面要留有空白，不能整个页面都填满元素。

二、对齐性原则

对齐性原则是指课件页面上的元素之间不能随意放置,要对齐安放。也就是说每一项与页面的某个元素在视觉上应该存在联系。

页面元素之间对齐是使页面看起来统一,而且有条理。在页面上不要既用左对齐,又用右对齐,还用到居中对齐,这种混合使用对齐方式,会使页面看起来比较混乱。而且在使用对齐方式的时候,要尽量避免使用居中对齐,不要将居中对齐设置为默认方式。

三、重复性原则

重复性原则是指在设计页面的时候,单个页面之间,页面与页面之间会重复使用一些元素,使整个课件看起来形成一种风格。重复的元素可以是一条粗线条,也可以是某个项目符号,或者某种格式等。

重复的目的是使课件看起来统一,并在视觉上达到增强的效果,但要避免重复太多。

四、对比性原则

对比性原则是指页面上的不同元素之间要采用对比,来吸引学生的注意力。如果一个页面两个元素之间不完全相同,就要使它们截然不同。

对比的目的是增强页面的效果,如果要使用对比性原则,就要加大对比的力度。如果对比太弱,就不要采用对比,否则页面会很混乱。

第三节 多媒体课件的制作

对于常用的 PPT 课件,我们主要用到文本、图像、动画、音频、视频等要素,尤以文本、图像、动画为主。下面分别介绍这三种要素在 PPT 课件中具体的制作方法。

一、文本的制作

PPT 课件主要是向学生传递信息,信息的基本表现形式是文字。在 PPT 课件的多种要素中,文本承载了信息传递的主要功能,课件的标题、一些概念、原理等用文本来表达是最合适的。

(一) PPT 中输入文本的方法

PPT 课件输入文本必须通过文本框输入,如图 7-10 所示,单击"插入"选项卡,单击

"文本框",选择"横向文本框",然后输入文字即可。

图 7-10　插入文本的方法

（二）文本的使用原则

对于文本,要遵循三个使用原则:疏密有间、重点突出、方便阅读。

疏密有间包括使用合适的字体和字号,增加行距及段落间距;精简内容,提炼文字;使用自定义动画效果,让文字分别呈现。重点突出指可以通过色块或者字体的放大来强化文字。如图 7-11 所示,将标题文字"三角形全等的条件"加上色块背景,来突出标题,将"两角"和"夹边"字体放大来进行强化。方便阅读指从排版上来讲,标题文字要和内容文字有差异;同类文字要通篇保持一致;文字要排列有序。如图 7-12 所示,将课件内容"教学目标"和正文内容的字体、大小和颜色设置成不同,这样方便大家阅读。

图 7-11　重点突出实例　　　　　　图 7-12　方便阅读实例

（三）美化课件中的文本

课件中的文本可以采用文字特效进行美化。

(1) 最简单的美化文字效果就是使用艺术字,如图 7-13 所示,单击"插入"选项卡,单击"艺术字",选择所需要的艺术字样式,输入艺术字的内容即可。

(2) 除艺术字以外,还可以通过给文字添加阴影、透视、倒影来达到美化文字的效果,如图 7-14 所示,操作过程如下:①先插入文本框,输入文字内容;②选中文字,点开"绘图工具格式"选项卡,找到形状效果,选择所需的阴影样式即可。

图 7-13　插入艺术字的方法

（3）三维立体文字效果的操作过程如下：①先输入要设置三维效果的文字，如图 7-15 所示。特别强调，2019 不能输入在同一个文本框中，要分别输入在四个不同的文本框中，以方便设置不同的旋转角度。②选中一个文字，点开"绘图工具格式"选项卡，找到"三维旋转"，选择所需的旋转角度即可。

图 7-14　给文字添加阴影、透视、倒影效果实例　　图 7-15　三维立体文字实例

（4）双色文字特效。可以通过渐变色直接设置双色文字，如图 7-16 所示。双色文字的操作过程如下：①设置文字背景。②在文本框中输入文字"颜色的魅力"。③选中文字，单击"绘图工具格式"选项卡，找到"文本填充"，选择"渐变"，设置两种渐变色即可。

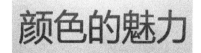

图 7-16　双色文字实例

二、图片的制作

在课件中，图片的表达能力要比文本强很多。使用图片可以将一些比较抽象的、学生难于理解的知识通过形象的图片表达出来，可以帮助学生更好地理解知识和记忆知识。

（一）PPT 中插入图片的方法

如图 7-17 所示，单击"插入"选项卡下的"图片"选项，直接选取所需要的图片即可。

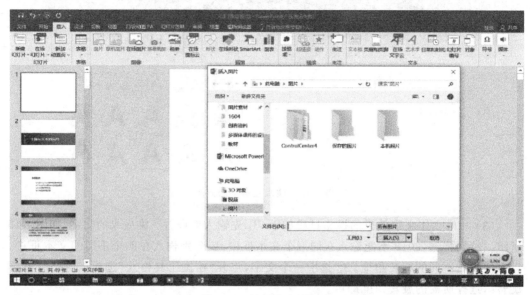

图 7-17　插入图片的方法

（二）图片的使用原则

课件中使用图片必须遵循清晰美观、真实可信、主体相关、风格统一、去粗存精的原则。如图 7-18 违反了图片清晰美观原则。图 7-19 违反真实可信原则，我们要给学生讲地球的自转，应该用真实的地球图片。图 7-20 中用到的图片带有 LOGO，违反了去粗存精的原则。

图 7-18　违反清晰美观原则　　　　　　　图 7-19　违反真实可信原则

图 7-20　违反去粗存精原则

（三）图片的美化技巧

课件制作中对图片的美化技巧很多,如可以给图片加边框、设置半透明效果、图像去色、让背景图片渐变消失等。

（1）给图片添加边框。给图 7-21 添加边框效果如图 7-22 所示。

图 7-21　原图

图 7-22　加边框图

（2）半透明遮盖效果。如图 7-23 所示,操作过程如下：①在背景图上添加一个矩形框。②将矩形框填充为蓝色,并设置透明度为 50%,如图 7-24 所示,输入文字即可。

图 7-23　半透明遮盖效果

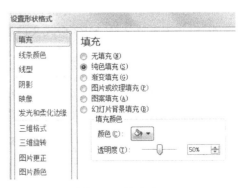

图 7-24　填充窗口

（3）图片去色设计。给图 7-25 中背景图去色后变为图 7-26，更能突出标题文字。

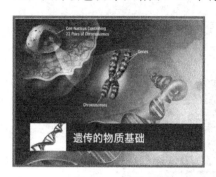

图 7-25　原图

图 7-26　去色后图

三、声音的制作

随着多媒体技术的发展，课件制作技术也逐渐提高，单一的文字已经无法满足课件辅助教学的需求。如果能够将多种听觉效果应用到课件中，这无疑会使演示文稿更具有感染力，给学生留下深刻的印象。

声音在课件中的主要作用体现在以下三个方面。①语音：口头语言，在多媒体课件中一般称为解说声音。②音乐：歌声、乐曲声，在多媒体课件中一般作为背景声，有时用于渲染环境气氛。③声响：也称音响、音效，是人声和音乐之外所有的声音的统称，包括自然界中存在的各种声音，如风吹、雨打、雷鸣、犬吠虎啸、鸟鸣、哭声、笑声、机器声等。

（一）常见的声音文件格式

（1）WAV 格式，Windows 标准声音文件，通过采样生成，存储体积较大。

（2）MP3 格式，常见的压缩音频格式，可以在众多 MP3 设备中直接播放，适合网络传播。

（3）WMA 格式，一种常见的压缩音频格式，与 MP3 音质相近，但有更高的压缩比。

（4）MID 格式，乐器数字接口的音频文件，占用的存储空间很小，不适合表现人声。

在 PPT 课件中，常用的声音格式是 WAV 格式和 MP3 格式，WAV 格式能够直接嵌入 PPT 中作为音效文件，MP3 格式文件最有较高的压缩比。

（二）获取声音素材的方法

课件中需要的声音素材，可以通过网络下载、自己录制或截取 CD 等途径获得。如图 7-27 所示，课件中需要"语文课文朗诵"的声音素材，可以在百度音乐中搜索。

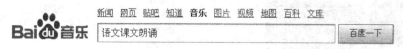

图 7-27　百度音乐搜索

（三）在课件中应用声音

1. 插入声音

PPT 课件中插入声音，可以插入计算机上的声音，也可以录制音频。插入计算机上的音频方法如图 7-28～图 7-30 所示。

图 7-28　插入计算机上的音频

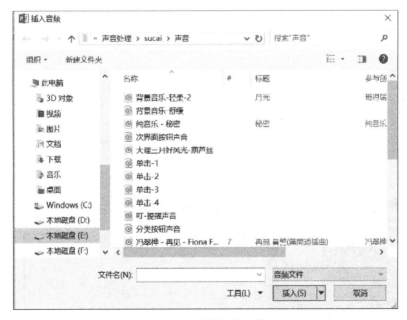

图 7-29　选择声音文件

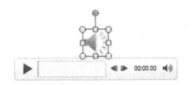

图 7-30　出现声音图标

2. 编辑声音

PPT 课件中插入声音后，要对声音进行编辑。用图 7-31 中的"音频工具"下的"播放"功能区进行音频编辑，可以设置音频的开始方式是单击开始播放声音，还是自动播放；也可以设置幻灯片播放声音是单页播放声音，还是跨幻灯片播放，当将"跨幻灯片播放"的复选框选中时，插入课件中的声音就可以在连续的多张幻灯片中播放。

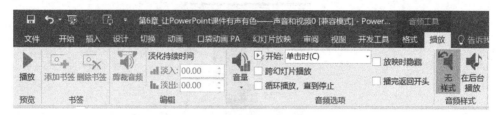

图 7-31　"音频工具"下的"播放"功能区

（四）为对象添加提示音

PPT 课件中为对象添加提示音的方法有如下两种。

（1）自定义动画中的提示音，如图 7-32 所示，在"动画窗格"中，选中自定义动画，右击，选择效果，设置对象提示音。

（2）提示音是"动作设置"中的提示音，如图 7-33 所示，在"动作设置"中选择播放声音。

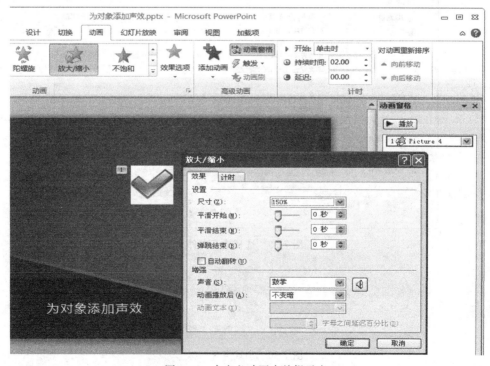

图 7-32　自定义动画中的提示音

图 7-33 "动作设置"中的提示音

四、视频的制作

视频是动态的,能够集图、文、声、像于一身,是信息表达能力最丰富的一种形式,在 PPT 课件中不仅可以通过文件、控件、链接等方式使用视频,还能利用 PowerPoint 设计和生成视频。

在教学中,视频被广泛用于录制讲座、记录实验和操作过程、提供动作练习示范、提供真实历史事件、创设学习情境与同步信息。还可以将大量的科教片应用于特定的主题教学等。

(一) 常见的视频文件格式

(1) AVI 格式。AVI 图像质量好,但体积庞大,且压缩标准不统一。

(2) WMV 格式。WMV 是微软公司出品的 Media Player 中的解码器所制作出来的一种视频格式。

(3) MPG 格式。MPG 是运动图像压缩算法的国际标准,现已被几乎所有的计算机平台共同支持。

(4) FLV 格式。FLV 是当前网络中应用最广泛的视频格式。

PPT 中常用的视频格式是 AVI 格式和 WMV 格式,AVI 兼容性好,易于播放;WMV 压缩比高。

(二) 在课件中应用视频

1. 直接插入视频

课件中插入视频的方法:在"插入"菜单选择"媒体"选项卡,单击"视频"图标,选择"PC 上的视频"命令,如图 7-34 和图 7-35 所示,就可以为课件加入所需要的视频文件。

图 7-34 插入视频

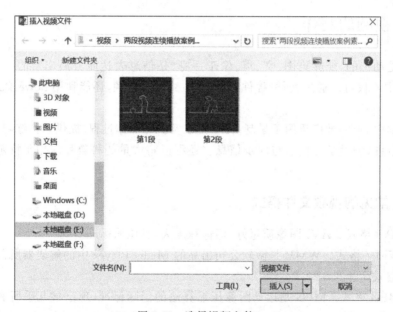

图 7-35 选择视频文件

2. 利用视频控件插入视频

要插入控件,首先要调用 PowerPoint 中的自定义控件箱,在 PowerPoint 2016 中自定义控件箱被集成到了开发中心,默认没有显示。

显示 Windows Media Player 控件的方法:首先单击"文件"中"PowerPoint 选项",如图 7-36 所示;然后在左边的选框中选择"自定义功能区",将右边的"开发工具"显示出来,如图 7-37 所示;最后,在"开发工具"列表框下,选择"其他控件",选择需要的 Windows Media Player 控件,如图 7-38 所示,在属性中添加视频的地址即可。

图 7-36 "PowerPoint 选项"对话框

图 7-37 显示"开发工具"

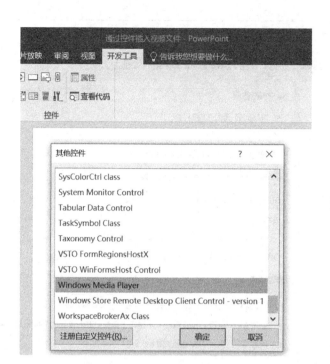

图 7-38 添加 Windows Media Player 控件

五、动画的制作

对于中小学生来说,课件中使用动画能更好地吸引学生的注意力。动画的表现形式比图片更加生动。在课件制作过程中,可以给页面中的某一个元素应用动画,也可以为整个课件添加片头片尾动画等。

(一) 动画概述

课件中的动画基本有两种形式:一种动画是页面和页面之间的切换效果,即页面与页面之间的过渡效果,如擦除、推进等;另一种是页面中的对象的移动,例如,要在课件中做出秋天的景色,可以给树叶做一个沿路径运动的动画,模拟落叶的过程。

在教学课件中,物体的运动、事情的发展过程、事物之间的相互关系等都可以用动画来表达。用简化的模型动画,更能突出学习内容的关键特征,减少学习过程中的干扰因素。在 PPT 中有进入、强调、退出和自定义路径四种类型的动画。如图 7-39 所示,这些动画可以组合、叠加使用,控制对象的出现、消失和移动。

如图 7-40 所示为页面切换动画。

(1) PPT 中进入动画有四种不同的类型,如图 7-41 所示。①基本型:这种最常用,这种动画类型所设置的对象位置不会发生变化;②细微型:这种动画类型效果不太明显;③温和型:这种动画类型效果适中;④华丽型:这种动画类型动作比较夸张,动画的幅度比较大,变形比较明显。

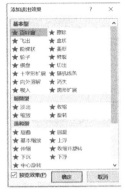

图 7-39　四种类型的动画

图 7-40　页面切换动画

图 7-41　进入动画的四种类型

（2）强调动画主要是想引起学生的注意，起到强调的效果，应用这种动画的对象不会从有到无，也不会从无到有，只是对象的形状或颜色发生变化。如图 7-42 是强调动画的类型。

强调动画一般在两种场合使用：①在设置完进入动画后，使用强调动画，会更加自然；②在其他动画的过程中使用强调动画，给它们赋予形状的变化，这样进入、退出路径动画就不会显得僵化，会更加逼真。

（3）退出动画和进入动画刚好相反，它是设置对象退出页面的方式。如图 7-43 所示为退出动画的类型。

退出动画与进入动画相互对应，对页面中的图形、文本对象来说，如果进入动画做不了，那么退出动画也做不了；在制作退出动画的时候一方面要考虑与该对象的进入动画进行呼应，另一方面要考虑到与下一个或下一页动画的连贯问题。

图 7-42　强调动画的类型

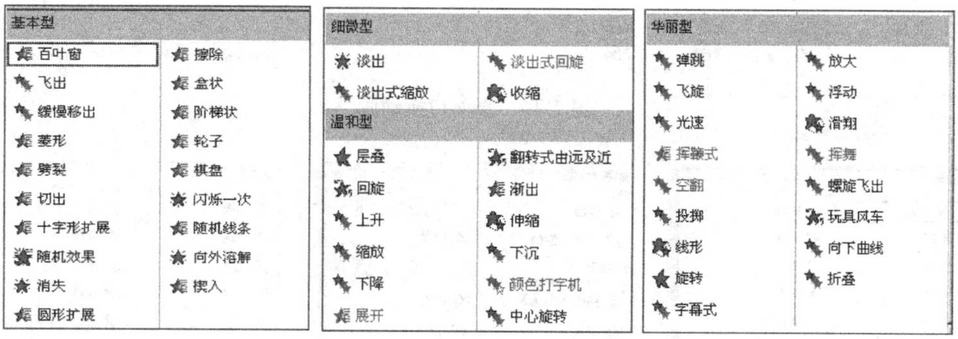

图 7-43　退出动画的类型

（4）路径动画是让对象按照绘制的路径运动的动画效果。如图 7-44 所示为路径动画类型。

图 7-44　路径动画类型

路径动画要注意两个方面：①路径动画有两个箭头，一个是红色的，一个是绿色的。绿色箭头是路径的起始点，红色箭头是路径的终止点。②拖动绿色箭头，对象运动的起始点和路径都会发生改变；拖动红色箭头，对象的终止点和路径也会变化，要注意的是在圆形路径中，起始点和终止点是重合的，我们只能看到绿色箭头。

（二）经典动画案例

进入、退出和强调动画，在平时的课件制作中都用得很多，本书不再举例说明，下面讲一个路径动画应用的案例。

1. 路径动画的应用案例——卷轴动画

卷轴动画是一种常见的路径动画特效，随着画轴向左右两侧滚动，画面内容逐渐展开。我们常常在片头采用卷轴动画效果呈现课件的标题。本案例将利用路径动画制作一个卷轴动画效果，如图7-45所示。

（1）插入卷轴画和两个卷轴，共三个对象，并将它们摆放如图7-46所示的位置，卷轴放在画面的上方。

（2）为左边的卷轴添加路径动画，运动路径设置为直线（从中间到左边）；为右边的卷轴添加路径动画，运动路径设置为直线（从中间到右边）；为展开画设置进入动画"劈裂"，效果设置为"中央向左右展开"，如图7-47所示。

图7-45 卷轴动画效果

图7-46 三个对象摆放位置

图7-47 设置对象动画效果

（3）将左卷轴的动画开始方式设为"单击时"；右卷轴和展开图的动画开始方式设为"与上一动画同时"，如图 7-48 所示。

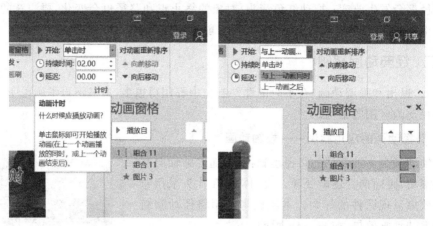

图 7-48　动画开始设置方式

（4）为了控制动画的同步效果，在左右卷轴的效果设置中将"平滑开始"和"平滑结束"设为 0，如图 7-49 所示。

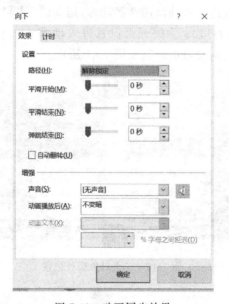

图 7-49　动画同步效果

2. 变体动画案例

"变体"就是将上张幻灯片的内容移动到下张幻灯片上的新位置的过程，是课件切换动画的一种，变体的原理相当于 Flash 动画中的补间动画，两张幻灯片相当于 Flash 的前后帧。

变体的操作步骤：①直接复制 A 幻灯片得到 B 幻灯片；②在 B 幻灯片内任意改变内容属性（大小、位置、颜色）；③在 B 幻灯片上应用变体切换效果。

本案例利用变体动画制作了课件的标题部分,如图 7-50 所示。

(1) 制作第一页幻灯片,输入文字"多媒体课件设计与制作",如图 7-51 所示。

(2) 将第一页幻灯片进行复制,将标题内容移动到页面左上角,再输入三个小标题内容,如图 7-52 所示。

图 7-50　变体动画效果

图 7-51　课件第一页

图 7-52　课件第二页

(3) 为第一页幻灯片设置切换效果为"变体",以此类推,注意下面每页幻灯片的内容都是由上一张幻灯片复制而来,再改变这张幻灯片对象的位置、字体颜色和大小等。

思考与练习

1. 谈谈什么是"多媒体课件"?
2. 多媒体课件的评价标准是什么?
3. 课件设计的四原则是什么?
4. 选取小学某一学科内容,利用本章所讲知识点,做一个优秀的多媒体课件。

学习资源链接

1. 毕兰兰.浅谈多媒体课件及在教学中的应用[J].计算机光盘及应用,2012(6).
2. 高明星.浅谈信息技术在幼儿教学中的应用优势[J].信息技术,2012(8).

3. 解金辉,王雯斌.多媒体课件在中学生物课堂教学中的优势和局限[J].中学生物学,2008(4).

4. 闫晶.多媒体技术运用于初中生物教学的优势[J].内蒙古教育(职教版),2012(8).

5. 郭莉丽.多媒体课件设计制作刍议[J].信息通信,2012(4).

6. 陈宝海.多媒体课件在课堂教学中的应用[J].艺术教学,2012(7).

第八章
编程与创客教育

📝 学习目标

1. 了解创客文化、创客教育的概念。
2. 掌握创客课程的设计与开发。

📋 主要内容

时代的发展衍生出新的人才培训模式,为国民经济及社会发展提供所需人才,人工智能教育和创客教育就是基于时代发展所出现的新兴人才培训手段。本章从创客文化出发介绍创客教育的概念,尤其着重介绍创客课程的设计与开发。

🔍 知识结构

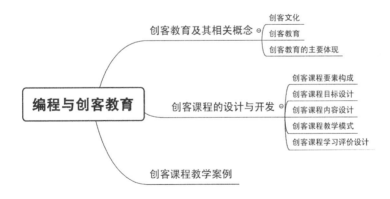

学者丹尼尔·平克曾提出两个发人深省的问题:假如机器人来代替你完成现在的工作,工作质量是否会提高?假如其他国家的人员代替你完成现在的工作,成本是否会降低?他提出商品不仅是为了满足消费者的使用需求,还在于寻找其附加价值。上述具体内容在《全新思维:决胜未来的6大能力》一书中有更详细的阐述。这就要求人们充满创意,作为教育工作者应该开始将创造

力视为学生必须具备的一种重要技能。

国务院提出"十三五"规划在发展过程中需要基于互联网技术来促进教育事业的发展，提高教育领域的信息技术水平。通过创客教育的手段将信息技术引入教育领域中，提高教育信息化水平。

2018年2月11日，教育部印发《2018年教育信息化和网络安全工作要点》，文件指出"推进信息技术在教学中的深入普遍应用，开展利用现代信息技术构建新型教学组织模式的研究，探索信息技术在众创空间、跨学科学习（STEAM教育）、创客教育等教育教学新模式中的应用，逐步形成创新课程体系"。2019年2月，中共中央、国务院印发《中国教育现代化2035》，提出了一整套工作思路和工作要求，包括加强课程教材体系建设，科学规划大中小学课程，分类制定课程标准，充分利用现代信息技术，丰富并创新课程形式。2019年6月，国务院办公厅印发《关于新时代推进普通高中育人方式改革的指导意见》（简称《指导意见》），《指导意见》在深化课堂教学改革的基础上提出积极探索基于情境、问题导向的互动式、启发式、探究式、体验式等教学方式，认真开展好验证性实验和探究性实验教学，推进信息技术与教育教学深度融合，提高课堂教学质量。

国家一系列政策都要求我们应该探索新的教育模式——跨学科学习和创客教育。

第一节　创客教育及其相关概念

一、创客文化

创客是指一群将科技用于实践创新的人，由英文单词Maker衍生而来。他们是科技的爱好者与支持者，通过社区来进行相关内容的分享与交流，不断地发展创客文化。

创客文化属于一种亚文化，是以大众文化为基础所衍生的一种新兴文化。亚文化多数都是一群志同道合的人汇聚在一起所衍生出来的，创客文化就是一群科技爱好者在不断实践与探索中所衍生出来的新兴文化。创客文化具有更大的自由性、反叛性，持有与消费主义相反的不随意消费理念，提倡在原有资源的基础上进行再创造来满足自己的使用需求。

二、创客教育

创客教育就是创客文化与教育的结合，是基于学生兴趣，以项目学习的方式，使用数字化工具，倡导造物，鼓励分享，培养跨学科解决问题能力、团队协作能力和创新能力的一种素质教育。（中国电子学会现代教育分会创客教育专家委员会，2015）

创客教育有两种解释。广义角度将创客教育定义为一种新兴教育形态，可以提高大众的创客精神。狭义角度将创客教育定义为可以提高青少年创客精神的教育方法。

从国际大背景来看，创客教育是工业4.0和第三次工业革命所引发的需要，国内方面则是国家对应试教育愈演愈烈的忧虑与人们追求优质教育的需求。

创客教育的目标既不是单纯的技术教育，也不是单纯的学科教育，更不局限于知识与技能的培养,而更倾向于一种素质教育,属于"创客与教育"的边缘革命,从具体的创客教育组织形式来看,其更贴近综合实践课。

三、创客教育的主要体现

创客教育主要表现为创客在思想上更为开放,行为上更具创新。创客教育鼓励学生提出疑问并进行解答,但是很多问题并没有统一的答案,主要是开放学生的思维,提高学生的创新能力;鼓励学生亲自动手来做,与"做中学"理念相同;通过完成一个大的作品,以综合项目为中心来展开相关的研究,综合项目会涉及诸多领域与学科,这会培养学生的STEAM素养,提高学生的综合素质;学生采用团队合作的形式来完成作品,互相交流、沟通,最后通过分享展示来达到技能的发展。

第二节　创客课程的设计与开发

一、创客课程要素构成

创客课程设计主要围绕四个方面,具体包括课程目标、课程内容、教学活动、教学评价。学生通过创客教育会有效地提高其对问题的探究及解决能力;创客课程内容主要强调各个学科知识的融合,使学生处于真实的生活情境,解决生活中具体的问题,因此它的内容具有多元化;创客教学模式设计可以是项目式学习,也可以是设计型学习;采取多元化的方式来评价创客教育课程的教学效果,过程与结果都同样重要,同时还要对学生的团队协作、个人表现进行评价,评价的结果更加客观。

二、创客课程目标设计

本节从课程目标、学生发展核心素养、面向核心素养的创客教育课程目标三个方面来介绍创客课程目标的设计。

1. 课程目标

课程目标是指学生希望通过课程学习所能达到的结果。

2. 学生发展核心素养

2016年9月,教育部在《中国学生发展核心素养》中提出要基于"全面发展的人"来开展学生教育,主要涉及文化基础、社会参与、自主发展三个层面,通过六点来判断学生的综合表现,具体包括学会学习、实践创新、人文底蕴、责任担当、科学精神、健康生活。其中科学精神、实践创新、学会学习等方面在创客教育中有很好的体现。

3. 创客教育的目标

创客教育的目标是培养青少年的创客素养,主张人人为创客。

1) 创客素养的定义

创客素养指的是在长时间的实践过程中,基于现有一系列技术手段的支持,对相关问题进行发掘、剖析和处理并在此基础上构建相应解决方案的能力。

综上,创客素养和核心素养的理念紧密相关。

2) 创客教育的内涵

(1) 创客教育通过为学生创设个性化的学习氛围,致力于培养学生的综合实践能力与思维,同时这也与核心素养的要求相契合。

(2) 创客教育侧重于学生在日常生活中发掘问题,在此基础上经过自身长期探究与实践最终得到相应的成品。也就是说,作为一名合格的创造者必须具备两个素养,即实践与创新。这对应着核心素养中的实践创新。

(3) 创客教育强调保证学生对当前信息化学习环境有全面的了解与认识,依托于现代信息技术保证作品得以顺利完成,同时在这一过程中自觉完成学习任务。这充分体现了核心素养中所提倡的学会学习。

3) 面向核心素养的创客教育课程目标

面向核心素养的创客教育课程目标包括基础目标和核心目标。

(1) 基础目标:跨学科知识及其应用。

通过对创客课程的跨学科知识来源进行分析,大体上可以归纳为两部分:①与相关问题存在密切联系的学科知识,如数学、科学等;②数字化设计相关知识,包括编程、3D技术等。

(2) 核心目标:强调培养学生的核心素养,以保证问题得以有效解决。具体包括三部分:解决问题能力、创新能力和协作能力。

具体来讲,解决问题能力是指学生在创意实践期间所涉及的一系列技术手段与方法措施;创新能力大体上表现为创新意识、创新思维和创新行为;协作能力指的是学生在不同情境下同周边人群进行沟通、协商的能力,具体涉及问题求助、经验交流、作品共享等。

三、创客课程内容设计

(一) 创客课程内容建设的核心——主题的设计

课程内容在课程设计中占据着关键地位。传统课程教学形式通常以学科作为侧重点,以不同学科的形式进行分别呈现。而创客课程则打破了传统意义上学科的束缚,课程内容得到了补充与完善,同时课程形式也表现出个性化的特点。同时,由于创客课程的特殊性,在内容设计期间最关键的就是对主题的设计。也就是说,创客课题在整个创客课程中有着至关重要的地位。

(二) 常见的创客课程的主题分类

1. 逻辑程序类

逻辑程序类设计通常包括图形化编程语言、软硬件联合编程工具的使用和设计,如IDE、App Inventor、Scratch等。

2. 电子机械类

电子机械类设计通常包括机械组合、人工智能和电路设计等，如智能机器人、传感器等。

3. 结构创意类

结构创意类设计通常包括创意的原型设计与实现，生产装置与设计等，如玩具制造、小型车床等。

4. 艺术创作类

艺术创作类设计通常包括艺术及文化创作，如平面设计、纸艺、陶艺等。

（三）创客主题课程的选择原则

创客主题课程的选择有八个原则。

1. 切身性

主题设计应保证与学生自身实际情况相符合，充分激起学生的学习积极性与主动性，刺激学生的创新意识、创新思维。

2. 充足时间

为学生提供充足的课堂时间与课外时间，以保证项目的各项内容得到有效执行与完成。

3. 复杂性

重点突出项目的复杂性特点，保证不同学科知识得以相互结合，进而起到强化学生知识的作用。

4. 高强度

要为学生提供高强度的实践和练习机会。

5. 联结性

为学生创建一个协作、互动的O2O学习环境，保证学生能够在实践过程中同外界保持充分的沟通与交流。

6. 资源的易得性

学生在项目实践过程中在资源配置和使用方面具备一定的便利性。

7. 分享性

分享能激发学生的学习动机，促进互惠学习，项目应提供可供分享的作品。

8. 新颖性

保证项目的创新性，避免选择已有的操作流程。

（四）选择创客主题的策略

选择创客主题的策略有四条。

1. 基于真实生活情境和真实问题解决，选取主题内容

在全球范围内进行课程设计的主流方法为现实条件下筛选出跨学科的主题内容。结

合现实生活中的具体问题优化生活产品,已经成为现阶段学校开展创客课程的原则与手段。

2. 基于跨学科课程的综合实践性问题,选择和设计主题内容

在当前背景下,中小学校的硬件设施尚难以支持创客课程的开设,所以与传统课程内容相联系创设科学合理的主题内容是现阶段推进创客教育实践进程的重要措施。

3. 基于学科专家和创客教育领域研究者的建议,设计主题内容

部分学者针对这一方面展开了深层次剖析,并在这一过程中对创客课程的相关内容有充分的了解与掌握。基于此,应重视对相关学者意见与建议的考虑与分析。

创客课程主题设计应保证与学校现状和学生基本情况相适应,进而在最大限度内保证创客课程体系的针对性、有效性。

4. 主题内容设计符合学生的认知发展规律,分学段设计

针对内容设计方面,应结合学生心理状况,保证具体内容与学生当前认知能力相匹配,充分刺激学生的创造力、想象力,推动学生的综合全面发展。

四、创客课程教学模式

创客课程教学模式如图 8-1 所示。

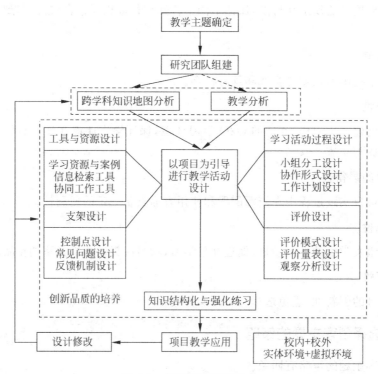

图 8-1 创客课程教学模式

五、创客课程学习评价设计

创客课程是在教学过程中不断向学生渗透创客教育基本知识、逐渐培养学生的动手能力和创造力。因此,在创客教育过程中,不应仅以学生作品内容作为侧重点,更应该关注学生在整个学习过程中对各种创客工具的认识、动手能力、解决能力等的提升,以及学生的创造性成果。

创客教育应采取多样化的评价方式,如自我评价、小组互评、作品评价等。创客教育提倡的教学更注重的是学生能力的养成,而能力应在教学实践期间缓慢积累产生,因此,创客教育的教学评价不应只在教学的最后环节,而是要将评价纳入课前、课中、课后整个教学过程中。提供持续性的反馈,来了解和追踪学生能力的变化。将形成性评价与总结性评价相联系,突出形成性评价。

第三节 创客课程教学案例——"3D打印与创意制作"

综合考虑创客课程设计要素及内容,选取四川省成都市第七中学实施的"3D打印与创意制作"课程作为样本,对创客课程的设计实践进行系统剖析。

一、课程基本情况

"3D打印与创意制作"是通过对现阶段人才需求现状和学校创客教育原则进行全面考虑与分析,同时结合教学能力与学生个性而创设的一门创客课程,目标对象主要以初一、初二学生为主,课时要求为8~10课时。

二、课程设计分析

课程目标包括跨学科知识应用和核心能力目标。

(1)跨学科知识应用:基于3D打印技术的支持,将传统学科知识与技术同数字模型设计相结合,以此为依据利用模具设计与生产和工业设计等一系列形式对现实问题进行解决与处理,设计创意作品。

(2)核心能力目标:具体包括三部分。解决问题能力方面,三维建模技术的掌握与应用,在模型设计和产生制作过程中与自身掌握理论知识相联系最终得到作品,并在这一过程中培养和提高学生解决问题能力;协作能力方面,在作品设计、调整和制作等诸多环节中强调同他人的沟通与交流;创新能力方面,强调培养学生的设计思维与空间思维,引导学生对现实问题进行全面考虑与分析，并在这一过程中提高学生的创新设计能力，刺激学生的创新思维与创新意识。

三、课程内容

本课程有三个内容：①对学生的分析。本课程目标对象主要以初步了解创客教育的学生群体为主，他们对 3D 作品设计和 3D 打印技术的了解程度并不高，所以在课程内容设计方面对基础内容的需求程度较高。②对课程实施外界条件的分析。本课程的固定课时所占比重较低，通常结合学生现状和学校创客教育条件而创设，所以在主题设计方面应强调同现实生活相联系。③对国内相关 3D 打印课程的分析。由于本课程的特殊性，主要以学生的创意设计和模型实现为侧重点，所以在主题内容方面通常以模型的设计与制作为主。基于上述内容，本课程内容最终归纳出下列主题。

主题一：基础知识——3D 打印原理

本主题目前在于进一步加深学生对课题的认识，对 3D 作品创作的相关知识有全面了解，具体涉及 3D 打印原理、3D 打印机种类、3D 打印步骤等。

主题二：结构物体的设计——认识 123D Design

本主题结合学生日常生活，以水杯制作为例，依托于 Autodesk 123D Design 软件，设计与组织相关技术操作知识，大体上涉及利用抽壳、旋转命令等一系列技术手段以完成水杯的制作流程。

主题三：校园模型的设计——模型建构

本主题设计项目的复杂程度相对较高，主要以 3D 校园模型的设计组织作为侧重点，具体涉及 Autodesk 123D Design 中的模型设计知识、数学中几何图形的初步认识和图形比例等。

主题四：模型制作——3D 打印实战

本主题主要以实物打印作为侧重点，强调模型的制作与交工。整体内容通常以 3D 模型的实现为依托，包括 3D 打印机的设置、切片软件的操作、打印操作规范等。

主题五：开放的创意实现

本主题强调利用学生的创造意识与创新思维，结合现实生活或自身想象进行自主设计，在内容方面突出开放性。

但需要注意的是，主题二与主题三主要以图形设计和模型建立作为侧重点，强调设计性知识。结合具体创作目标，同传统学科知识相结合，选题来源于中学生群体的现实生活，课程内容突出创造性，内容深度表现出递增性的特点，由最初的简单设计到模型制造再到作品优化，强调培养学生的实践能力、思维能力、空间能力等，积极推动学生的综合能力全面发展。

四、课程学习活动

课程的学习活动过程与阶段如表 8-1 所示。

表 8-1 课程学习活动

学习过程与阶段		主要活动	媒体工具及学习支持
主题学习	情境引入	从生活问题出发,教师应以日常生活为例,让学生贴近生活,以实际生活作为案例(可通过展示 3D 模型来提高学生的学习主动性)	iPad、案例模型
	主题学习	开展与主题相关的知识、技能学习,熟悉软件工具	Autodesk 123D Design
创意设计	创意构思	实行小组团队学习,组内成员通过交流与讨论共同设计模型及执行方案	组内讨论与交流
	创意设计	提炼创意点,形成设计方案,梳理设计要点	
原型实现与完善	模型构建	根据方案,设计模型	微视频资源
	讨论优化	模型设计作品通过相关平台,用于分享和讨论,小组成员发表自己的意见,对作品进行优化,提高其整体水平	iPad
	作品实现	将优化好的创意作品打印出来,展示成果	3D 打印机
整合反馈	学习评价	作品交流分享,开展多样化的学习评价	Moodle 平台 3D One 社区
	总结反思	学生对学习过程中的自身表现、协作能力以及创新思维进行总结反思	个人反思

五、课程的学习评价

(一) 评价内容

课程内容主要是提高学生的创新能力、协作能力及问题解决能力,所以课程评价也以此为依据。创新能力主要考查学生设计作品时的思维创新及技术创新;协作能力主要考查学生在小组作业中的参与情况、讨论情况及协作解决问题的能力;问题解决能力主要参考学生在学习过程中对所学内容应用于实践的能力,在 3D 作品设计、优化、打印过程中所体现出的能力。评价内容涵盖完成的 3D 打印作品,但不完全以其为主,还要参考作品的设计模型、讨论优化、具体行为,以及过程与结果。

(二) 评价主体

课程学习过程中参与评价的人员主要有创客社区人员、课程教师、学生。课程教育的评价几乎涵盖整个教育过程,例如主题学习、整合反馈、创意设计、方案实施等。教师会观察学生在诸多环节中的表现,并做好观察记录,发现问题时给予学生适当的指导,并对学生的作品设计能力、团队协作能力、创新能力等进行评价。学生完成的作品会在小组及班级内进行交流展示,组内成员及学生会对其作品进行评价。创客社区人员评价是指小组作品提交到 3D One 平台,社区人员通过对作品点赞、提出意见等方式来进行评价,属于辅助性评价手段。

(三)评价方法

本次研究采用的评价方法包括观察访谈、量规评价和汇报展示。观察访谈是指教师营造出适合学生的学习场景,根据课程设计来观察学生在场景中的表现,并通过访谈的形式对学生存在的问题进行分析,给予相应的指导。观察和访谈主要涉及两方面内容:一为认知和能力,观察学生在 3D 打印作品的完成过程中所进行的设计、执行、改善方案等,进而了解学生对问题的分析能力及解决能力,对学生在这个过程中的思维转换进行评价;二为情感和态度,观察学生在学习过程中所表现出来的兴趣、态度、情感等,并对学生在项目学习过程中的参与情况、交流情况与合作情况进行观察与记录。量规评价指的是以四川省第九届中小学网络系列活动 3D 打印创意设计比赛方案为例,制定指标体系来评价学生的参赛作品,具体指标包括美观性、创新性、实用性、技术含量等,对学生的参赛作品进行等级评价。汇报展示指的是在 Moodle 平台上展示小组完成的作品,在班级内部进行分享和讨论,对作品的设计理念、创意点等进行阐述,教师和学生会以此为依据对小组作品进行评价。

思考与练习

1. 什么是创客教育?
2. 创客课程设计的四要素是什么?

学习资源链接

1. 陈刚,石晋阳.创客教育的课程观[J].中国电化教育,2016(11).
2. 张文兰,刘斌,夏小刚,等.课程论视域下的创客课程设计:构成要素与实践案例[J].现代远程教育研究,2017(3).

第九章
微课的设计与制作

📝 学习目标

1. 理解微课的概念和特点。
2. 掌握微课平台的使用。
3. 掌握微课制作的具体方法。

主要内容

微课制作技术已经成为新时期教师的必备技能,它引领教育教学改革的新方向。本章在介绍微课概念和微课设计的基础上,着重介绍微课平台的使用和微课的具体制作方法。

知识结构

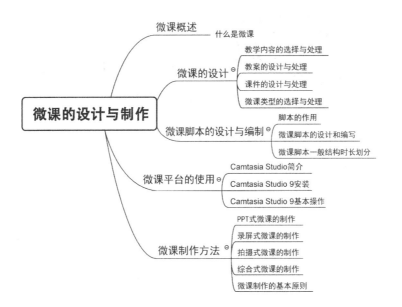

第一节 微课概述

一、什么是微课

（一）微课在国外的缘起

"他是一个先锋，他借助技术手段，帮助大众获取知识、认清自己的位置，这简直引领了一场革命！"

——比尔·盖茨对萨尔曼·可汗的评价

2004年，可汗的亲戚纳迪亚遇到了数学难题，她向这位"数学天才"的表哥求助。萨尔曼·可汗通过聊天软件、互动写字板和电话，帮她解答了所有问题，为了让她听明白，他尽量说得浅显易懂。很快，他的侄子、外甥、外甥女也上门讨教。一时间，可汗忙不过来了。他索性把自己的数学辅导材料制作成视频，放到YouTube网站上，方便更多的人分享。如图9-1所示，萨尔曼·可汗在制作微课视频。

图 9-1　萨尔曼·可汗在制作微课视频

如今，在美国教育界，可汗非常受人崇拜，他的免费教育网站用他自己的名字来命名，称为"可汗学院"。

2011年3月，萨尔曼·可汗在美国加州举行的TED（即技术、娱乐、设计的缩写）大会上介绍"可汗学院"的成长故事。演讲结束时，主持人比尔·盖茨走上前紧紧抓住他的手说："太好了！这真的很神奇，我认为你预见了教育的未来。"

2008年，新墨西哥州立大学圣胡安学院教授戴维·彭罗斯提出了"微课程"（MicroLectures）的概念。

（二）微课在国内的缘起

在国内，一般认为微课的概念是由广东省佛山市教育局的胡铁生率先提出来的。佛山市教育局从 2010 年启动第一届微课大赛至今,已举行了多届大赛。佛山微课研究成果引领了全国微课建设与应用发展。

我国目前已经举行过多届全国性的微课大赛(http://dasai.cnweike.cn)。根据我国微课大赛的文件精神,结合微课在我国的实际发展,可以给出微课的概念:

"微课"是指以视频为主要载体,记录教师围绕某个知识点或教学环节开展的简短、完整的教学活动,一般用于解释知识点的核心概念或内容、方法演示、知识应用讲解,时间长度一般在 5～10 分钟。除了视频,微课还包括教学设计文本、多媒体教学课件等辅助材料。微课短小精悍、生动灵活,不能采用课堂教学过程再现的实录方式或剪辑课堂实录的方式制作。

(三) 微课的特点

微课是信息技术条件下的新型学习资源,它与传统学习资源相比有以下几个显著的特点。

(1) 短:微课教学活动时间短,一般不超过 10 分钟。
① 符合学习者(特别是中小学生)的认知特点和视觉驻留规律。
② 在一定程度上满足了当今微时代泛在学习的要求,即碎片化学习。
(2) 小:教学主题聚焦,教学目标明确,课程资源容量小。
① 内容短小。
② 资源容量小。
(3) 精:教学内容精练,教学设计精细,教学活动精彩。
① 教学方法精巧。
② 教学设计精彩。
③ 教学过程精炼。
(4) 悍:效果强悍。
精心设计、全方位支持、随放随停,使得学习效果良好。

(四) 微课与课件的关系

理解课件与微课的关系,非常有助于深刻理解微课概念。

多媒体课件是根据教学大纲的要求和教学的需要,经过严格的教学设计,并以多种媒体的表现方式和超文本结构制作而成的、用于优化课堂教学的课程软件。微课是一种新的教学资源,与课件在使用时间和使用空间、学习方式、教学方式等方面相比有很大的不同。微课和课件的关系如表 9-1 所示。

表 9-1 微课和课件的关系

方式	使用时间	使用空间	学习方式	教学方式
传统课件	课中	课堂	教师教,学生学	传统课堂
微课	课前	网络	学生自学	翻转课堂

第二节 微课的设计

微课作为一种新型的教学资源,能很好地满足学生自主学习和个性化学习的需求,能很好地适应信息时代"碎片化"的学习方式。微课的设计是制作高质量、高水平微课的基础。

一、教学内容的选择与处理

教学内容的选择与处理是做好微课的基础。因此,在设计每一节微课时,首先要慎重选择知识点。

(1)知识点的选择:尽量选择教学的重点、难点、疑点和热点。
(2)知识点的容量:10分钟内能够讲解透彻。
(3)知识点的内容:适合于用多媒体表达。
(4)知识点的结构:将知识点按照一定教材的知识体系和内在逻辑分割成多个小知识点。

二、教案的设计与处理

选好微课要讲解的教学内容后,应该开始编写教案(教学设计)。编写教案必须围绕所选的"点"(或重点,或难点,或疑点,或易错点……),考虑学生最需要帮助的地方,从多个角度,用多种方法,设计最易于学生理解并掌握的方式方法,展开教学设计。

微课的教学设计,是后续制作教学课件和编写微课脚本的依据。

微课的教学设计同样需要构建完整精练的教学过程。

(一)切入课题要新颖有趣、迅速快捷

由于微课时间短,因此在设计微课时要注意切入课题的方法和途径,力求新颖、迅速而且要与题目关联紧凑,以把更多的时间分配给核心内容的讲授。在微课教学设计中,通常可以采用以下几种方式切题。

(1)设置一个题目引入课题。
(2)从以前的基本内容引入课题。
(3)从生活现象、实际问题引入课题。
(4)开门见山进入课题。
(5)设置一个疑问,悬念等进入课题。

(二)讲授线索要鲜明

在教案的设计中,要求尽可能只有一条线索,在这一条线索上突出重点内容。在讲授重点内容时如需罗列论据时必须做到精简、典型,论证充分有力。在设计线索时要注意巧

妙启发、积极引导,力争在有限的时间内,高效完成微课所规定的教学任务。

(三) 结构要完整

在教案的设计中,教学环节要相对完整。引入、讲授、强化、练习、小结和扩展都要具备,只是每一个环节可以根据实际情况的不同而可长可短,但不能缺少某一个环节。例如,引入可以是几秒钟的一句话,但是它起到了稳定学生情绪,整理学生思路,唤起学生情绪的作用。

(四) 结尾要快捷

在教案的设计中,小结是必不可少的,它是内容要点的归纳。好的微课小结可以起到画龙点睛的作用,可以加深学生对所学内容的印象,减轻学生的记忆负担。前面重点内容的讲授占用了较多的时间,因此,微课的小结不在于长而在于精,小结的方法要科学、快捷和高效。

(五) 力求创新,亮点耀眼

在教案的设计中,一定要有自己独特的亮点。这个亮点,可以是深入浅出的讲授,可以是细致入微的剖析,可以是激情四溢的朗诵,可以是精妙完美的课堂结构,也可以是准确生动的教学语言等。微课教学有自己独特的亮点,才能提升微课的水准。

教案(教学设计)确定以后,就要开始选择微课的类型了。

三、课件的设计与处理

课件主要是指 PPT(PowerPoint)。设计 PPT 的作用,其一是可以进一步完善教学设计,其二是可以借助 PPT 课件中的技术因素来展现教学内容,控制教学进程。

(一) 内容设计

PPT 中只出现核心内容,非核心的内容可以通过教师的语言和动作表达出来。PPT 内容设计要有启发性和强烈的悬念。

(二) 版面设计

(1) 首页设计应该具有如下信息。
① 系列微课的名称。
② 微课的标题。
③ 作者及单位。
④ 学科学段、章节及教材。
⑤ 简洁的背景。
⑥ 简单的边饰。
(2) 中间页用于展示核心内容。
(3) 结束页的设计可以加入感谢语、时间、欢迎词等文本信息。

(三）美学设计

整个 PPT 课件中，背景与内容要和谐，相得益彰，文字不宜太多，文字、图片、视频、动画等各种元素要相宜。整个 PPT 文字颜色不要超过三种。PPT 画面要上下一致，左右协调，过渡效果要相对统一。

四、微课类型的选择与处理

根据我国中小学教学活动中常用的课堂教学方法的分类总结，同时也为便于一线教师对微课分类的理解和实践开发的可操作性，可将微课划分为 10 类，分别为讲授类、启发类、讨论类、演示类、练习类、实验类、表演类、自主学习类、合作学习类、探究学习类，如表 9-2 所示。

表 9-2 微课的类型

分类依据	常用教学方法	微课类型	适用范围
以语言传递信息为主的方法	讲授法	讲授类	适用于教师运用口头语言向学生传授知识（如描绘情境、叙述事实、解释概念、论证原理和阐明规律）。这是中小学最常见、最主要的一种微课类型
	启发法	启发类	适用于教师在教学过程中根据教学任务和学习的客观规律，从学生的实际出发，采用多种方式，以启发学生的思维为核心，调动学生的学习主动性和积极性，促使他们生动活泼地学习
	讨论法	讨论类	适用于在教师指导下，由全班或小组围绕某一种中心问题，通过发表各自意见和看法，共同研讨，相互启发，集思广益地进行学习
以直接感知为主的方法	演示法	演示类	适用于教师在教学时，把实物或直观教具展示给学生看，或者做示范性的实验，或通过现代教学手段，通过实际观察获得感性知识，以说明和印证所传授的知识
以实际训练为主的方法	练习法	练习类	适用于学生在教师的指导下，依靠自觉的控制和校正，反复地完成一定动作或活动方式，借以形成技能、技巧或行为习惯。尤其适合工具性学科（如语文、外语、数学等）和技能性学科（如体育、音乐、美术等）
	实验法	实验类	适用于学生在教师的指导下，使用一定的设备和材料，通过控制条件的操作过程，引起实验对象的某些变化，从观察这些现象的变化中获取新知识或验证知识。在物理、化学、生物、地理和自然常识等学科的教学中，实验类微课较为常见
以欣赏活动为主的教学方法	表演法	表演类	适用于在教师的引导下，组织学生对教学内容进行戏剧化的模仿表演和再现，以达到学习交流和娱乐的目的，促进审美感受和提高学习兴趣。一般分为教师的示范表演和学生的自我表演两种

续表

分类依据	常用教学方法	微课类型	适 用 范 围
以引导探究为主的方法	自主学习法	自主学习类	适用于以学生作为学习的主体,通过学生独立地分析、探索、实践、质疑、创造等方法来实现学习目标
	合作学习法	合作学习类	合作学习(Collaborative Learning)是一种通过小组或团队的形式组织学生进行学习的一种策略
	探究学习法	探究学习类	适用于学生在主动参与的前提下,根据自己的猜想或假设,运用科学的方法对问题进行研究,在研究过程中获得创新实践能力、获得思维发展,自主构建知识体系的一种学习方式

值得注意的是,一节微课作品一般只对应于某一种微课类型,但也可以同时属于两种或两种以上的微课类型的组合(如提问讲授类、合作探究类等),其分类不是唯一的,应该保留一定的开放性。同时,由于现代教育教学理论的不断发展,教学方法和手段的不断创新,微课类型也不是一成不变的,需要教师在教学实践中不断发展和完善。

第三节　微课脚本的设计与编制

一、脚本的作用

脚本,其实可以理解成剧本。它是微课教案设计思想的具体体现,是"未来"微课的蓝图。它是教案向微课转化的纽带,也是微课实际制作的依据和指导说明书。它是微课制作者思考的工具,交流的载体。脚本的作用参见图9-2。

图 9-2　脚本的作用

二、微课脚本的设计和编写

微课脚本的内容一般包含五个部分,如表9-3所示。

表 9-3　微课制作脚本样例

向阳小学微课制作脚本　　　　　　　　　　　　　　　　　　　时间：　年　月　日

微课名称	圆的面积	教学对象	小学四年级	制作教师	王晓静
微课类型	讲授型	科目	小学数学	时长（分钟）	7
知识点来源	人教版四年级下册				
知识点描述	圆的面积是……				

微课脚本

| 镜号 | 画面表现 | 声音 | | | 时长（秒） | 备注 |
		解说	音效	音乐		
1	校徽动画展示，并收缩于左上角			Shj.MP3	3	
2	圆的面积 王晓静　向阳小学 四年级数学　人教版			Shj.MP3		
3	各种圆的展示	同学们，圆的画法我们已经很熟悉了。今天我们来学习如何求圆的面积			9	
4	画各种不同半径的圆	从宏观上来看，圆的半径决定了圆的属性，也就是说圆的半径决定了圆的面积			9	
5	圆的十等分、二十等分、三十等分、六十四等分的动画演示	从这些动画演示中我们得出了什么结论？			90	
⋮	⋮	⋮	⋮	⋮	⋮	
N1	小结：圆的面积 $S=\pi r^2$ 圆的面积只与圆的半径有关	重要的话说三遍，你记住了吗？			6	时尚卖萌的语气
N2	练习：你会了吗？ 小明家烙饼的电饼铛的圆盘直径是30厘米，那么小明家电饼铛能烙出最大的饼的面积是多少？	读题并简单引导			10	
N3	期待你的答案			diys.MP3	6	

脚本的编写方法一般是先确定解说词，再根据解说词确定画面和时间长度。

三、微课脚本一般结构时长划分

微课脚本中一般结构的时长划分不是固定不变的，一般的时长划分如下。

（1）片头：10 秒钟。
（2）导入：10 秒钟。
（3）重点知识解析：3 分钟。
（4）难点突破：3 分钟。
（5）练习巩固：1 分钟。
（6）深度扩展：20 秒钟。
（7）片尾：10 秒钟。

第四节　微课平台的使用

微课最核心的呈现方式是微视频，因此微课制作的核心技术就是视频制作技术。微课制作平台的种类繁多，目前最易入手、效果最佳、适应性最强、用户数量最为庞大的首推 Camtasia Studio。

一、Camtasia Studio 简介

Camtasia Studio 是美国 TechSmith 公司出品的屏幕录像和编辑的软件套装。该软件套装提供了强大的屏幕录像（Camtasia Recorder）、视频的剪辑和编辑（Camtasia Studio）、视频菜单制作（Camtasia MenuMaker）、视频剧场（Camtasia Theater）和视频播放（Camtasia Player）等功能。使用该套装软件，用户可以方便地进行屏幕操作的录制和配音、进行视频的剪辑和过场动画、添加说明字幕和水印、制作视频封面和菜单、进行视频压缩和播放。目前该软件的最新版本是 Camtasia Studio 9，如图 9-3 所示。

图 9-3　Camtasia Studio 9 包装盒

二、Camtasia Studio 9 安装

（1）打开光盘里的压缩文件，双击 Camtasia 9.exe 文件进行安装，如图 9-4 所示。

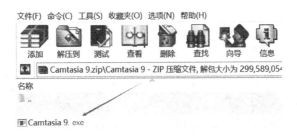

图 9-4　设置安装选项

(2)输入所购光盘上的用户名和密码,如图9-5所示。

(3)在计算机桌面上形成一个Camtasia Studio 9的快捷方式,如图9-6所示。

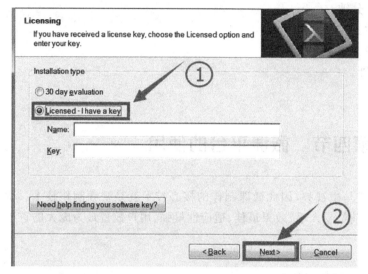

图9-5 输入用户名和密码

图9-6 Camtasia Studio 9 的快捷方式

三、Camtasia Studio 9 基本操作

(一)熟悉基本界面

了解、熟悉和掌握 Camtasia Studio 9 的工作界面是熟练应用 Camtasia Studio 9 的基础,其基本界面如图9-7所示。

Camtasia Studio 的安装

图9-7 Camtasia Studio 9 的基本界面

（二）屏幕录制

屏幕录制是 Camtasia Studio 9 的一个强大优势，也是制作微课的一种方法。屏幕录制步骤如下所述。

（1）打开 Camtasia Studio 9，单击屏幕录制按钮。设置录制区域和输入参数，单击 rec 按钮，如图 9-8 所示。

（2）录制过程中可以删除、暂停和停止，如图 9-9 所示。

（3）按 F10 停止屏幕录制，软件会自动在 Camtasia Studio 9 中将录制结果保存。

屏幕录制

图 9-8　设置屏幕录制参数

图 9-9　屏幕录制的删除、暂停和停止

（三）媒体的导入

打开 Camtasia Studio 9，单击"媒体"按钮后再单击"导入媒体"按钮，选择媒体类型和集体要导入的媒体，单击"打开"按钮，如图 9-10 所示。

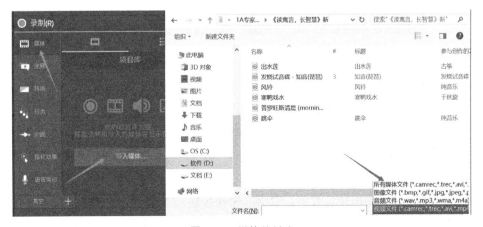

图 9-10　媒体的导入

在 Camtasia Studio 9 中,能够导入的媒体类型如表 9-4 所示。

表 9-4 媒体类型

媒 体 类 型	具 体 格 式
图像文件	BMP、GIF、JPG、JPEG、PNG
音频文件	WAV、MP3、M4A、WMA
视频文件	CAMREC、TREC、AVI、MP4、MPG、MPEG、M2TS、WMV、SWF

视频编辑

(四) 视频的编辑

1. 把视频添加到时间轴上

在导入的视频媒体上右击,在弹出的命令中选择"添加到时间轴播放"命令,该视频素材就会被添加到时间轴上。或者直接用鼠标左键拖动素材到时间轴上,如图 9-11 所示。

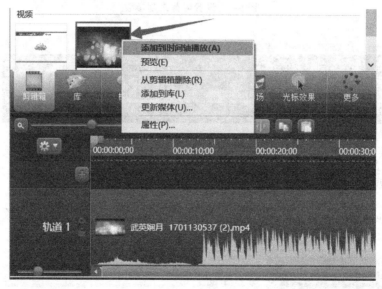

图 9-11 添加素材到时间轴

2. 视频的编辑

拖动播放头确定一个要切割的位置,单击"分割"按钮;再确定后一个要切割的位置,再次单击"分割"按钮,这样就把这一部分分割出来,便于进行删除、复制、放大、缩小等编辑操作,如图 9-12 所示。

3. 添加转场效果

在两个镜头之间添加转场效果:①单击转场按钮;②选择一种转场效果;③将转场效果拖动到两个镜头之间。左右拖动黄色的转场效果,可以调节该转场效果的时间长度,如图 9-13 所示。

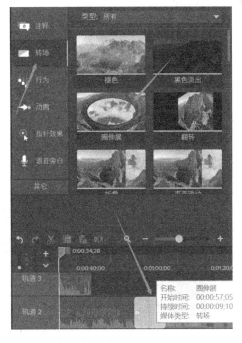

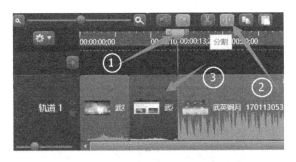

图 9-12　视频的分割　　　　　　　　　图 9-13　添加转场效果

4. 音频视频的分离

需要对音频视频分别做处理和编辑的时候，首先要把音视频分离。在视频素材上右击，在弹出的命令列表中选择"分离音频和视频"命令。原来合在一起的视频素材就会分成单独的音频文件和视频文件，分别放在两个不同的轨道上，如图 9-14 所示。

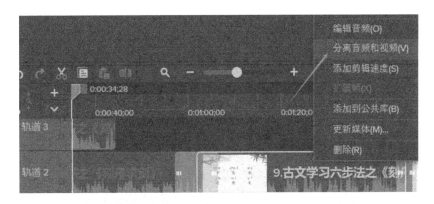

图 9-14　音视频的分离

5. 音频的编辑和处理

选中所要编辑的音频素材，单击"音频"按钮，在弹出的命令列表中根据需要执行命令，如图 9-15 所示。

音频处理

添加标注和字幕

6. 添加字幕

标注一般用于给视频添加辅助性文字。首先用播放头选好要添加标注的位置,单击标注按钮后,再单击 T 按钮,输入要添加的文字,并设定文字的字体、大小、颜色、淡入淡出等相关属性。左右整体拖动时间轴上的标注可以调整其在时间轴上的位置,分别拖动时间轴上标注的两端可以调整其停留时间的长度,如图 9-16 所示。

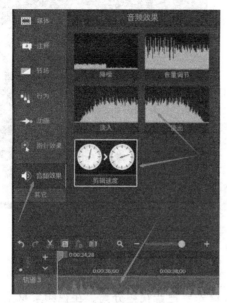

图 9-15　音频的编辑

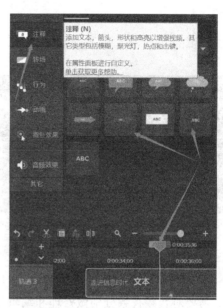

图 9-16　添加标注

7. 文件的导出

当编辑完成后,就可以输出视频了。单击"文件"菜单,选择"生成和共享"命令,选择 MP4 格式,单击"下一步"按钮,设定保存的路径和名称,渲染完成,如图 9-17 所示。

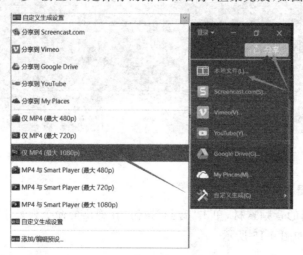

图 9-17　文件的导出

8．光标效果

在轨道上的 TREC 格式的素材上单击，单击"指针效果"按钮，再依次设置鼠标光标的各种属性，如图 9-18 所示。

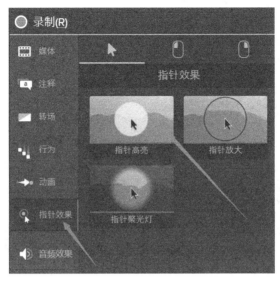

图 9-18　光标效果的设定

（1）光标大小：设置鼠标形状的大小。
（2）高亮效果：有高亮、聚光灯、放大三种效果可选。
（3）单击效果：有环、凹陷、波纹三种效果可选。
（4）右击效果：有环、凹陷、波纹三种效果可选。
（5）点击音效：设置鼠标左键、右键音效。

9．镜头的推拉

镜头推拉技巧的运用可以使微课的制作更加符合学习者的视觉习惯。

通过播放头确定要推拉的起始位置，单击"缩放"按钮，拖动 8 个白色的控制点确定推拉的区域，如图 9-19 所示。

镜头推拉

10．扩展帧

把动态图像的某一帧画面静止并延长时间，取得某种特殊的效果，就需要用到扩展帧。

通过播放头确定需要静止的某一帧，并右击，在弹出的命令列表中选择"扩展帧"命令，在弹出的对话框中设定延长的时间。如图 9-20 所示。

扩展帧

11．快动作慢动作

通过播放头和"分割"按钮确定需要快动作或慢动作的区域，再选择"视觉效果"工具，并选择"剪辑速度"。最后在属性区修改速度属性值。速度值小于 1，表示播放速度变慢，速度值大于 1，表示播放速度变快。如图 9-21 所示。

图 9-19 镜头的推拉

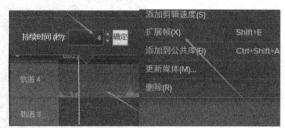

图 9-20 扩展帧

图 9-21 剪辑速度

12. 抠像处理

抠像技术可以形成更好的多个视频叠加的效果,对微课的后期制作影响很大。如图 9-22 所示。

抠像技术

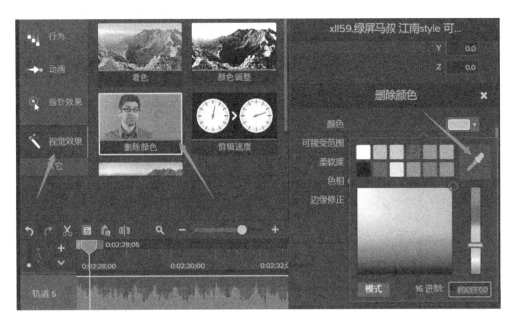

图 9-22 抠像技术

第五节　微课制作方法

微课的制作方法层出不穷,但是根据微课制作过程中所使用的技术来划分,可以将微课的制作方法大致分为以下四种。

一、PPT 式微课的制作

PPT 式微课主要是利用 Office PowerPoint 强大的演示功能,讲解某一个知识点所形成的教学视频。此方法适用于形式简单、结构清晰、关系单一的教学内容,其优点是技术难度低,计算机上就可以实现,制作速度快、效率高。

(一) 所需工具与软件

PPT 式微课的制作所需工具与软件有计算机、耳机(附带麦克风)、手写板、PowerPoint 2016。

(二) 制作过程

PPT 式微课的制作一般分为以下三个步骤。

(1) 制作相应的 PPT:根据设计好的教案制作相应的 PPT 课件。

(2) 根据 PPT 录制旁白:PPT 制作好之后就可以录制相应的旁白(解说)了。在计算机上连接好耳机和麦克风,打开已经制作好的 PPT 课件,单击"幻灯片放映"按钮,选中"播放旁白"和"使用计时"选项,单击"录制幻灯片"按钮,选择"从头开始录制"。这时幻灯片开始播放,制作者就可以根据播放内容进行旁白(解说)了。录制完毕,播放 PPT,并检查旁白(解说)是否满足要求,如图 9-23 所示。

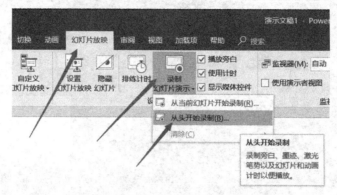

图 9-23　录制旁白

(3)将制有旁白的 PPT 另存为视频:在录制有旁白的 PPT 中选择"文件"选项卡,选择"另存为"命令,文件类型选择 MP4 格式或 WMV 格式,单击保存,如图 9-24 所示。

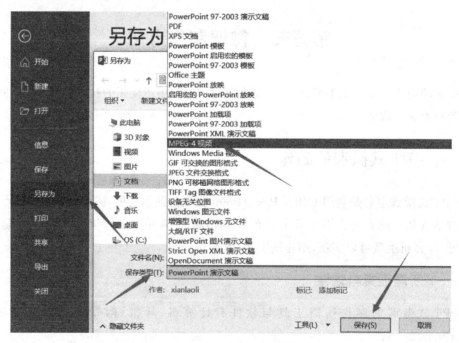

图 9-24　PPT 保存成视频

(三) PPT 式微课的制作技巧

(1)如果对录制的旁白不满意,可以选择"录制幻灯片演示"中的"清除"功能来清除相应的计时或旁白,再重新录制旁白。如图 9-25 所示。

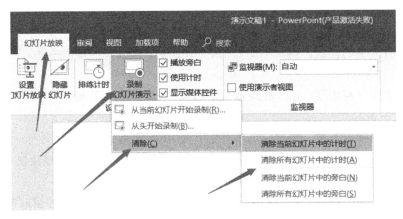

图 9-25　清除旁白和计时

（2）在录制 PPT 讲解过程时，对重要知识点进行画线、画框或放大吸引注意力。

（3）录制完成后，如果发现音画不对位，但是声音是完整的，或者画面是满意的，可以通过 Camtasia Studio 进行后期处理来完成微课的制作。

（四）常见问题及解决方法

1. 录制的视频没有声音

解决方法：在录制前，需要对麦克风进行设置和测试。如果使用台式计算机，需要准备带有耳麦的耳机才能将旁白录制进去。如果使用的是手提电脑，其系统自带录音设备。在录制前，需要启用麦克风，并将麦克风设置为默认设备。

2. 录制时，使用"荧光笔"功能后，单击不能播放下一页

解决方法：在 PPT 放映状态的左下角的工具栏的"笔"按钮中选择"荧光笔"使用，或用鼠标右键选择"荧光笔"来调出使用。使用后，PowerPoint 2010 版需要在左下角工具栏或右击将鼠标选择"箭头"才能实现单击播放下一页；PowerPoint 2013 版按 Esc 键即可退出笔的使用，变回鼠标箭头单击播放下一页幻灯片。

3. 无论是系统自带还是插入外部声音，转成 WMV 视频文件后都无声音

解决方法：通过直接插入声音的方式插入声音，并且在自定义动画窗格里，把声音和对象的动画时间设为同时。

4. 视频与原 PPT 播放不同步

解决方法：这类情况可能是因为计算机配置不够高，PowerPoint 2010 版转换视频的时候过于吃力，可以尝试换一台配置高的计算机重新转换。另外，PowerPoint 2010 版提供了演示文稿中的音频文件的优化功能，可以选择"文件"菜单下的"信息"命令，在弹出菜单中即可看到"优化媒体兼容性""压缩媒体"等选项。

5. 插入背景声音并设置循环，转成 WMV 视频文件后，声音只播放一次，循环设置失效

解决方法：用音频处理软件将音频文件做复制等编辑工作，让声音播放时间循环延长至与 PPT 演示时间相同。

（五）PPT制作微课的建议

（1）设计合适的模板。模板不要太花哨，中间文字区域要尽量大一些，无关的内容尽量少。

（2）放大文字与内容。由于视频播放的画面一般比较小，因此PPT中的文字与内容要尽量放大一些。

（3）掌握好播放节奏。播放时不要有快有慢，更不能来回翻转。

（4）控制好鼠标运动。观众的视线是紧跟着鼠标的，所以千万不要让鼠标毫无意义地乱晃。鼠标指示要准确，移动要均匀。

（5）要有适当的停顿。每一页PPT要让大家看清楚，要有适当的停留时间。

二、录屏式微课的制作

录屏式微课主要是利用Camtasia Studio的强大录屏功能和视频剪辑功能，完整记录计算机（或平板电脑）屏幕上的教师讲解，并编辑制作形成的教学视频。此方法适用于内容相对简单的微课，其优点是操作简单、制作快捷、开发周期短；容易获得高清视频效果；视频格式灵活多变；内容表现灵活多样。目前，此方法已成为微课制作的主要方法之一。

（一）工具与软件

录屏式微课的制作工具和软件有计算机、耳机（附带麦克风）、手写板Camtasia Studio等录屏软件，PowerPoint（2016版）、Prezi、Focusky等演示软件。

（二）制作过程

录屏式微课的制作过程一般分为三个阶段。

1. 准备阶段

撰写教案，厘清重难点，准备教学素材，制作演示课件，这些是微课录制前的准备工作。微课的视觉效果与演示课件的设计有很大关系，推荐使用PowerPoint 2016，也可以用Prezi和Focusky等演示软件。这些软件可以设置文本图形等动画，也能整合图片、声音、动画，是比较合适的演示软件。对于在屏幕上直接手写、绘制的微课可以在PPT中通过鼠标或绘制板来手写或绘制，也可以在专用软件中手写或绘制。

2. 录制阶段

正式录制前多试几遍，调整好操作速度、讲解语速语调等，留出学生观看时所需的反应思考时间。

3. 视频编辑和生成

录屏结束后还应该对视频进行后期编辑，如视频标题、学习目标、学习要点、配套练习、学习总结、拓展资料、添加字幕、声画对位、设置音效等制作，它能让微课结构更加完整清晰,内容更加明确,声情并茂,富有感染力。

(三) 录屏式微课的制作技巧

(1) 在录制的过程中如果出现了瑕疵,请不要摘下麦克风,可以选择一个恰当的位置,继续录制直到完成。这样可以避免解说的语气、音调和音量不一致的问题。

录屏法
录制微课

(2) 教师一边演示一边讲解,可以配合标记工具或其他多媒体软件或素材,尽量使教学过程生动有趣。

(3) 尽量避免鼠标光标的随意晃动,以免对学生的学习造成干扰。

三、拍摄式微课的制作

拍摄式微课主要是利用摄录设备(如摄像机、手机、照相机、iPad等)强大的摄录功能,对教学中的讲解过程、操作演示等真实情境进行拍摄所形成的教学视频。此方法适用于过程性操作演示内容的微课,其优点是教师按照日常习惯讲课,无须改变习惯;工具随手可得,制作简单。目前,此方法已成为微课制作的主要方法之一。

(一) 工具与软件

拍摄式微课的制作工具与软件有拍摄设备(摄像机、手机、照相机、iPad)、A4纸、卡纸、不同颜色不同粗细的马克笔、相关主题教案。

(二) 拍摄式微课的制作过程

(1) 针对微课主题进行详细的教学设计,形成教案。

(2) 用笔在白纸上展现教学过程,可以采用画图、书写、标记等方式。用手机将教学过程拍下来。尽量保证语音清晰、画面稳定、演算过程逻辑性强,解答或讲授过程明了易懂。

(3) 用编辑软件对所拍视频进行必要的编辑与美化。

(三) 拍摄式微课的制作技巧

(1) 选好拍摄角度,确保教师的所有演示都能被拍摄到。

(2) 使用手机支架,确保手机稳定不晃动。

(3) 调整灯光高度,确保拍摄区域光线均匀。

拍摄法
录制微课

(4) 以获取完整画面为主,声音可以随后单独录制,这样可以提高录制的速度。

四、综合式微课的制作

综合式微课主要是利用多种技术手段(如手绘视频技术、新动画技术、新演示技术)共同制作完成的教学视频。此方法适用于各种内容的微课,其优点是技术新颖、生动有趣;缺点是技术难度较大,不易普及和推广。

五、微课制作的基本原则

(一) 概念可视化

语文

英语

微课的教学内容往往涉及很多概念,文本教材一般直接用文字符号来表达相关信息。在微课设计中,则需要把各种概念尽量形象化,这样既有利于发挥视频的优势,又能帮助学生更加直观、有效地接收信息。例如,在一个"透视公务用车改革"的微课中,为了把一份抽象晦涩的政府文件制作成一个简单易懂的微课,设计者大量使用的手法就是具体概念形象化。在这个微课中,所有出现"警车""救护车""出租车""公共汽车""地铁""政府工作人员"等概念的地方,一律使用图形代替,使人感觉具体形象、一目了然;同时,在说明"公务性车辆""社会性车辆"等抽象概念时,灵活使用关系图、类目表等工具,清晰描绘事物之间的关系;在说明"改革的时间进度表""实施的对象和范围"等内容时,使用时间轴、饼图等图形工具增加教学内容的可视性。

(二) 讲授趣味化

趣味性设计是指总能让人回味无穷、感觉趣味无穷的优秀设计作品,它以一种亲和力,使学习者在新奇、兴奋的情绪下,深深地被微课作品展示的视觉魅力和情感魅力所打动。它可以使学习者在获得信息的同时有美的享受,在审美体验的过程中轻松、自然地接受设计所传递的信息。微课的教学内容中如果涉及数据信息,图示化是最简洁有效的表达方式。把枯燥的数据关系转换成图形关系,能够更加直观、有效地说明问题。灵活使用坐标轴、饼图、柱形图、曲线图等数据可视化工具可以使教学内容更加清晰易懂和有趣。巧妙运用类比、比喻的手法来说明数据之间的关系,会使信息的呈现更加生动活泼。可见,图示、比喻的设计手法在处理数字类、关系类的教学内容时非常有用,容易让微课达到有用、有趣的教学效果。贴切的解说、灵活的语气、时尚的元素、讨巧的动画、精彩的装饰、个性化的风格等都是增强趣味化的有效途径。

(三) 认知节奏感

教学内容的组织与编排,要符合学生的认知逻辑规律,过程主线清晰、重点突出,逻辑性强,明了易懂。如果微课没有节奏感和层次感,整节微课下来,没有一点"波折",学生的思维也不会随之律动,这样的微课就显得枯燥乏味。开始的引入,学习环境的创设,问题的提出、问题的分析、问题的解决、内容的拓展、练习的设置、最后的小结等过程中应该是环环相扣、节奏感越来越强。这样才能使学习者步步紧跟,随着微课的节奏高度投入,取得良好的学习效果。

思考与练习

1. 制作微课的真正目的是什么？微课有哪些典型的应用场景？
2. 你知道或发现了哪些新的制作微课的技术和方法？

学习资源链接

1. 李会功.微课/翻转课堂的设计制作与应用[M].北京：清华大学出版社，2017.
2. 中国微课网.http://weike.enetedu.com/.

第十章
数字故事的设计与制作

学习目标

1. 了解数字故事的基本概念。
2. 熟悉数字故事的制作流程。
3. 理解和熟悉影视基础知识。
4. 理解数字故事的评价标准。
5. 掌握制作数字故事的基本方法。

主要内容

本章在介绍数字故事概念的基础上,着重阐述数字故事的设计流程和一般制作方法,并从宏观的角度介绍数字故事的评价标准。

知识结构

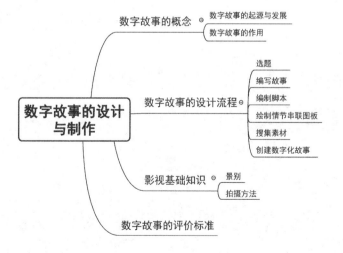

第一节 数字故事的概念

数字故事是信息时代的技术与故事艺术的完美结合,针对这个新生事物,目前有各种各样不同的描述,但是还没有一个公认的准确的定义。

一般来说,数字故事就是把讲故事的艺术与多种信息技术(图片、声音、视频、动画、网页、视频编辑)结合在一起形成的一种全新的讲故事的方式,常以视频文件的形式作为最终的体现形式。数字故事具有故事性、原创性、综合性、可视性和教育性等特点。

一、数字故事的起源与发展

20世纪90年代初期,达纳·温斯洛·阿奇利(Dana Winslow Atchley)作为数字化故事的首发者,用计算机把过去的老照片配合自己的讲述制作成了一部自传体小电影,得到了大家的好评。随后,阿奇利和他的朋友兰伯特(Lambert)开始帮助其他人叙述自己的个人数字故事,越来越多的人开始投入这种形式的创作,并且在旧金山成立了第一个数字媒体中心,也就是现在的数字故事中心(Center for Digital Storytelling, CDS)。

2002年11月底,来自8个国家和美国25个州的代表聚集在一起创办数字故事协会,从此,数字故事迅速在世界各国流行起来。

二、数字故事的作用

数字故事能够上传至互联网进行广泛传播和交流。在教育领域,数字故事作为一种新的交流和学习方式,对培养学生的表达能力、解决问题的能力、创造力、媒体素养以及学生多元智能的发展起着积极作用。

(1)提供交流机会:数字故事提供给学习者有竞争力和说服力的声音来扩展交流的边界,并增加了交流的深度和力度。

(2)重新拥有创造力:数字故事让学习者重新拥有创造力,并发展、增强、应用、扩展和提升了自己。

(3)促进更好地写作:通过可视化的写作,数字故事能帮助学生更有成效地写作,并且将他们的认知水平提升到一个新的高度。

(4)提供真实的体验场景:数字故事提供了一个真实的个人学习体验场景。

(5)提升信息素养:数字故事培养了学生的技术和信息素养,体现在软件的使用,材料的存储和管理,以及版权的识别过程中。

第二节 数字故事的设计流程

数字化讲故事项目最终以多媒体作品形式呈现给观众。数字故事制作的基本流程如下。

一、选题

选题基于现实的校园生活或者社会生活。

（1）关注校内、校外文化生活。关注身边人物、社会热点，可从校园、家庭、自然和社会等各种角度来创作，力求创作角度新颖，内容积极向上，传播正能量。

（2）体现社会主义核心价值观。选题要具有社会主义核心价值观，体现改革创新的时代精神。

（3）作品应严格遵守国家法律。选题不能超越国家法律法规的相关规定，内容必须积极健康向上。

二、编写故事

根据选题和讲故事的艺术规律编写故事文本。故事是以人为中心，以事件为纽带，以感情为依托进行展开的艺术。故事要在有趣的基础上，做到思想精神和人文内涵的延伸和演绎。好的故事要有核心情节和精彩的细节，必须是矛盾冲突集中，人物关系集中且相对简单，情节进展集中迅速。

三、编制脚本

脚本是在文本写作完成后，把故事中的主要情节提炼出来，并用多媒体元素重建故事情节。其间需要标注出所用到的媒体元素及其呈现的时间长度。脚本将故事内容分成若干个场次。

（1）将每场分为若干个镜头（具体事物的发展与蒙太奇手段处理的需要）。

（2）考虑转场的方式（场与场之间用蒙太奇处理方法）。

（3）设计每个镜头的景别、时间等要素。

（4）设计镜头间的组接（以上第 3 点、第 4 点同时考虑）。

（5）修改调整完成分镜头稿。

具体参见第九章的"脚本的标准格式"和"脚本范例"。

四、绘制情节串联图板

用情节串联图板来组织故事呈现的流程,也就是把脚本和思想以可视化的方式表达出来,便于更好地统一、规范和创作。情节串联图板是脚本的细化和升级。

五、搜集素材

可通过互联网搜索故事中需要的图片、声音、视频和动画。也可以用数码相机自己拍摄和创作所需要的片段素材。

六、创建数字化故事

用视频编辑合成软件把各种数字化媒体素材整合起来形成完整的数字化故事。常用的视频编辑软件有会声会影、Camtasia、Premiere 等。

第三节 影视基础知识

制作一个优秀的数字故事,离不开影视基本知识的支持。

一、景别

景别是指由于摄影机与被摄体的距离不同,而造成被摄体在摄影机中所呈现出的范围大小的区别。在影视作品中,导演和摄影师利用复杂多变的场面调度和镜头调度,交替使用各种不同的景别,可以使影片剧情的叙述、人物思想感情的表达、人物关系的处理更具有表现力,从而增强作品的艺术感染力。

景别大致可分为远景、全景、中景、近景、特写等。

(1) 大远景:表现辽阔深远的背景和宏大的自然景观(如草原、群山、海洋)。
(2) 远景:较为开阔的场面和环境空间(如战争场面、群众集会)。
(3) 全景:将被摄事物或场景的全貌收于画框。
(4) 中全景:表现成年人膝盖以上部分或场景局部的画面。
(5) 中景:表现成年人胯部以上部分或场景局部的画面。
(6) 中近景:表现成年人腰部以上部分或场景局部的画面。
(7) 近景:表现成年人的腋窝及以上部分或场景局部的画面。
(8) 宽特写:表现肩部及以上部分或场景局部的画面。
(9) 全特写:表现锁骨以上部分或场景局部的画面。
(10) 中特写:表现颈部以上部分或场景局部的画面。
(11) 大特写:也可为局部特写,着重表现或强调某一个部分。

二、拍摄方法

拍摄方法就是指每一个镜头的拍摄手段和方法。一般包括固定摄法和运动摄法。

(一) 固定摄法

固定摄法分为仰视、俯视和平视，其作用各有不同。

（1）仰视：视野中角色对象的力量感被大大增强。

（2）俯视：俯视镜头使视觉范围内的物质对象显得卑弱、微小，减低了视觉对象的威胁性。

（3）平视：客观反映事物，可信度高。

(二) 运动摄法

运动摄法有推镜头、拉镜头、摇镜头、跟镜头、移镜头五种。

1. 推镜头

摄影机向前推进时，被摄主体在画幅中逐渐变大，将观众的注意力引导到所要表现的部位。

推镜头可以连续展现人物动作的变化过程，逐渐从形体动作推向脸部表情或动作细节，有助于揭示人物的内心活动。具体的推镜头主要用于以下几种情形。

（1）突出主题人物。

（2）突出细节。

（3）在一个镜头中介绍整体与局部。

（4）推进速度快慢影响整体画面节奏。

（5）突出一个戏剧元素来表现主题含义。

2. 拉镜头

摄影机逐渐远离被摄主体，画面就从一个局部逐渐扩展，使观众视点后移，看到局部和整体之间的联系。

突出对象，吸引观众，例如，惊堂木、国旗、手枪、抖动的手等。

3. 摇镜头

摄像机机位不动，借助于三脚架上的活动底盘或以拍摄者自身做支点，转动摄影机的拍摄方法。

（1）当不能在单个静止画面中包含所有想要拍摄的景物时，例如，在拍摄开阔的视野，群山、草原、沙漠、海洋等宽广深远的景物时，摇摄就会发挥其独特的表现力。

（2）拍摄运动的物体，例如，一群孩子在海滩边奔跑的画面，这时就需要摄影师利用摄像机的水平摇动来表现孩子们活泼欢快的形象。

（3）用于表现两个物体之间的内在联系，如果将两个物体或事物分别安排在摇镜头的起幅和落幅中，通过镜头摇动将这两点连接起来，这两个物体或事物的关系就会被镜头运动造成的连接提示或暗示出来。

4. 跟镜头

跟镜头是指摄像机始终跟随处在运动状态的主体，并与主体运动趋势一致。跟镜头在人物拍摄中经常被运用。

5. 移镜头

移镜头是指摄影机沿水平方向做各方向的移动。

第四节　数字故事的评价标准

本着客观、公平、公正和科学的原则，根据数字故事的评价原则和评价指标体系，分别从故事性、艺术性、技术性和创新性四个方面进行具体评价，如表10-1所示。

表10-1　数字故事的评价标准

故事性 （40分）	故事标题（3分）	简洁清晰，能概括故事内涵
	故事内容（15分）	结构明晰，体现对生活的观察与思考；具有典型性；以"叙述"为主，发人深思；有一个照亮故事的主题
	故事情感（10分）	激发人灵魂深处的感情；引起观众的强烈共鸣；哲理蕴含在故事叙事中
	故事的教育性（12分）	故事能够启发孩子们思考，对孩子的健康成长有益
艺术性 （20分）	故事主题（3分）	能够与故事主题吻合，故事讲述方式扣人心弦
	图片可视化效果（6分）	文字简洁、生动、有趣，富有哲理
	画面效果（6分）	色彩构图和谐，画面富有美感
	素材使用（5分）	音乐优美、动听，与画面及主题相互辉映
技术性 （20分）	软件工具使用（10分）	能较好运用PPT等工具表达故事
	画面效果（5分）	画面转场自然顺畅，对画面进行适当加工，增强画面的美感与"故事"感
	文字与背景音乐（5分）	对文字与音乐的运用独具匠心
创新性 （20分）	故事的组织形式（10分）	故事组织形式新颖，作品构思新颖，引人注目
	画面的表现形式（10分）	画面的展现形式独特，作品能"讲"出自己的特色

思考与练习

1. 你知道还有哪些方法或技术可以快速制作数字故事？
2. 数字故事都可以应用到哪些经典的场景中？

设计制作
数字故事

数字故事《我们》

✦ **学习资源链接**

1. 詹庆生.影视艺术概论[M].北京：清华大学出版社，2018.
2. 李培林.影视摄影技艺[M].北京：清华大学出版社，2016.
3. 影视文学.https://baike.so.com/doc/6802374-7019243.html.

第十一章
翻转课堂的设计与应用

学习目标

1. 了解翻转课堂的发展历程。
2. 理解翻转课堂的概念。
3. 理解翻转课堂的时代背景。
4. 掌握翻转课堂的理论依据。
5. 掌握翻转课堂的实施流程。

主要内容

微课制作技术为翻转课堂的实施提供了强大的技术支持。本章在介绍翻转课堂的概念和起源的基础上，着重阐述翻转课堂的时代背景和理论依据，介绍翻转课堂平台的使用和实施流程。

知识结构

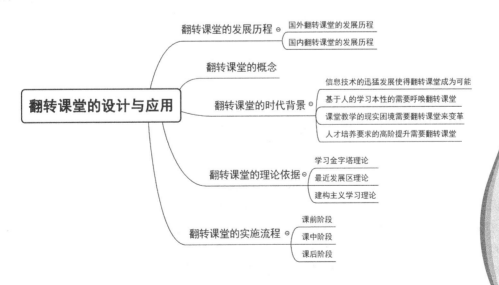

第一节　翻转课堂的发展历程

一、国外翻转课堂的发展历程

国外翻转课堂的实践和研究起步相对早一些,它的实践与技术的发展和普及紧密相关。其特点是网络技术与教学活动相结合,颠覆传统的教学模式,给教师和学生一种全新的体验。

2004 年萨尔曼·可汗为方便远程学习辅导,将教学内容制成小视频放在网上供人反复观看的做法受到网络热捧。由于受到广泛好评,相关影片观看次数急速增长,受到鼓励的萨尔曼·可汗于 2009 年辞去工作,全职从事相关课程的录制,并成立了"可汗学院",架构了自己的独立网站。该机构曾获得 2009 年微软教育奖和 2010 年谷歌"10 的 100 次方"计划教育项目的 200 万美元资助。

可汗学院最大的特色和成功之处在于应用"微视频"和相应的一整套新型组织管理模式相结合,改变了传统课程教学体系,使之更适合于网络课程学习者的特殊性,从而提高学习兴趣和效率。

二、国内翻转课堂的发展历程

2013 年 2 月 26 日我国主流教育媒体《中国教育报》以"一个人的网络教学震动了世界"为题全面评介了美国可汗学院的视频教学。认为"颠倒的课堂"使教育者赋予学生更多的自由,把知识传授的过程放在教室外,让学生选择最适合自己的方式接受新知识;而把知识内化的过程放在教室内,以便同学之间、同学和老师之间有更多的沟通和交流。翻转课堂作为一种新型的教学方式,自从引入我国就受到我国学者以及教育教学工作者的广泛关注,我国多个地方勇于尝试,取得了很多成果。

目前,我国翻转课堂的发展正从"认识探索"向"实践应用"转变。

第二节　翻转课堂的概念

翻转课堂译自 Flipped Classroom 或 Inverted Classroom,也可译为"颠倒课堂",是指重新调整课堂内外的时间,将学习的决定权从教师转移给学生。在这种教学模式下,课堂内的宝贵时间,学生能够更专注于主动的基于项目的学习,共同研究解决本地化或全球化的挑战以及其他现实世界面临的问题,从而获得更深层次的理解。教师不再占用课堂的时间来讲授信息,这些信息需要学生在课前完成自主学习,他们可以看视频讲座、翻阅云教材,还能在网络上与其他同学讨论,能在任何时候去查阅需要的材料。在课中教师也能有更多的时间来组织协作交流、能够与需要交流的每个学生交流,共同完善总结和提高。在课后,学生自主规划学习内容、学习节奏、风格和呈现知识的方式,其目标是为了让学生通过实践获得更真实的学习。

翻转课堂模式与混合式学习、探究性学习及其他教学方法和工具在含义上有所重叠，都是为了让学习更加灵活、主动，让学生的参与度更高。翻转课堂是基于信息技术对以印刷技术为核心的传统课堂教学结构与教学流程的彻底颠覆，由此将引发教师角色、课程模式、管理模式等一系列变革。

翻转课堂的核心是基于自学知识点上的"对话、讨论与练习"，将有利于克服传统课堂常见的"等待下的同步走"与"低效能的重复讲练"。

第三节　翻转课堂的时代背景

一、信息技术的迅猛发展使得翻转课堂成为可能

随着信息技术的普及，越来越多的信息终端和信息技术手段进入教育领域，iPad、电子书包、微视频、云课程和慕课等形式的技术产品层出不穷，极大地改变了教育教学的时空样态和存在方式，这为变革传统教育结构模式提供了强大的技术支持，使得翻转课堂成为可能。作为教育系统中重要的育人场域，课堂是传道、授业、解惑、互动、激励、总结与评价的统一，其变革深受信息技术的影响，课堂开始从平面、单维、静态走向立体、多维、动态。翻转课堂通过翻转传统课堂的教学结构，"让学生在家里观看介绍概念的视频，然后去上课来展示他们的学习。这样就不需要教师在全班同学面前再次讲授"，实现课堂知识传授的课下视频学习自主化和课堂知识吸收内化的课上互动探究化。翻转课堂的提法源于美国科罗拉多州林地公园高中的两名化学教师纳森·伯格曼和亚伦·萨姆斯，他们提出翻转课堂的初衷是为了帮助迟到或耽误课程的学生补课。他们发现，用视频来学习和课堂针对性的讲解能够让所有学生受益，而且这种方式受到了学生的广泛欢迎。当时，正值世界上最大的视频网站 YouTube 刚刚开始，这为翻转课堂的产生与推广提供了技术上的支持。

二、基于人的学习本性的需要呼唤翻转课堂

研究表明，自主是人的一种基本需要，课堂的发展变革应满足人的基本需要，即促进学生的自主发展。翻转课堂将知识讲授以视频的形式让学生课前自主学习，知识的内化完善则在课堂上以师生、生生合作来完成，极大地满足了学生个性化、碎片化、自主化学习的需要。

三、课堂教学的现实困境需要翻转课堂来变革

传统课堂由于受到教学的时空限制，具有众多的现实困境，人们一直探求解决传统课堂现实困境的办法，实施翻转课堂为解决这种困境提供了可能。翻转课堂突破了教学的时空限制，学生可以在任何时间、地点通过视频和平台进行学习，增加了学生学习的选择

权和自由度,改变了传统课堂的结构,改变了"一刀切""齐步走""反馈弱""效率低"的现实困局,迎合了个性化、可视化学习趋势,为实现教育公平奠定坚实的基础。

四、人才培养要求的高阶提升需要翻转课堂

信息时代的人才要求已经从"知识型"转变为"创新型"。这种转变强烈呼唤新的教学方式的出现。基于信息技术支持的翻转课堂以平台为基础、以微课资源为中心、以学生学习为核心,"以学定教",把"先教后学"转变为"先学后教",能全面促进学生核心素养的形成和创新精神的发展。

第四节　翻转课堂的理论依据

翻转课堂的理论基础是翻转课堂得以合法存在和有效发展的理论依据,是指导翻转课堂实践与发展的指南。由于翻转课堂的研究是先实践,后理论,因此,目前关于翻转课堂的理论基础还没有形成统一的认识。编者认为主要包括以下几个方面。

一、学习金字塔理论

学习金字塔理论是由美国学者、著名的学习专家爱德加·戴尔(Edgar Dale,1900—1985)于1946年首先发现并提出的。它用数字形式形象地显示了采用不同的学习方式,学习者在两周以后还能记住内容(平均学习保持率)的多少。该理论是一种现代学习方式的理论,它对如何提升学习效率、促进学习效果具有指导意义。如图11-1所示为学习金字塔理论。

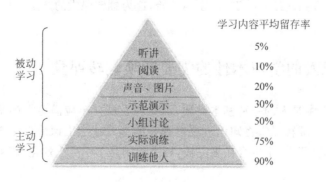

图11-1　学习金字塔理论

第一种学习方式是"听讲",也就是教师在上面说,学生在下面听,这种我们最熟悉最常用的方式,学习效率却是最低的,两周以后学习的内容只能留下5%。

第二种学习方式是通过"阅读"方式学习,学到的内容可以保留10%。

第三种学习方式是用"声音、图片"的方式学习,学到的内容可以保留20%。

第四种学习方式是"示范演示",采用这种学习方式,可以记住30％的学习内容。

第五种学习方式是"小组讨论",采用这种方式学习可以记住50％的内容。

第六种学习方式是"做中学"或"实际演练",采用这种方式学习可以记住75％的学习内容。

第七种在金字塔基座位置的学习方式,是"训练别人"或者"马上应用",采用这种方式学习可以记住90％的学习内容。

翻转课堂模式很好地利用了平台和微课资源,通过个性化的学习方式解决了学生被动学习的问题,在课堂上在教师的指导下通过分组研讨、互帮互学、实际演练和共同分享等途径实现了主动学习,从而大大地提升了学习的效率和效果。

二、最近发展区理论

苏联卓越的心理学家维果茨基(Lev Vygotsky,1896—1934)的研究表明,教育对儿童的发展能起到主导作用和促进作用,但需要确定儿童发展的两种水平:一种是已经达到的发展水平;另一种是儿童可能达到的发展水平。这两种水平之间的距离叫作"最近发展区"。如果教学能够按照儿童的最近发展区来设计和实施,必然能促使儿童获得原则上为新的东西,从而使教学既不仅仅跟随儿童已有的发展成果,也不是对儿童的简单机械灌输,而是真正建立起教学与儿童发展之间的桥梁。

翻转课堂就是通过课前教师通过平台发布微课资源等方式,对基本、简单的知识进行讲解,课堂教学的重点就落在深化、扩展与创新。扩展与创新的程度是在学生自主学习掌握基础知识之上的最近发展区内,这有助于保持学生的探究兴趣,促进学生综合能力与知识的发展。

三、建构主义学习理论

建构主义者认为,知识不可能以实体的形式存在于个体之外,尽管通过语言赋予了知识一定的外在形式,并且获得了较为普通的认同,但这并不意味着学习者对这种知识有同样的理解。每一种理解都是学习者基于自己的经验背景而建构起来,取决于特定情境下的学习活动过程。所以,学习不是由教师把知识简单地传递给学生,而是由学生自己建构知识的过程。学生不是简单被动地接收信息,而是主动地建构知识的意义,这种建构是无法由他人来代替的。

翻转课堂有别于传统课堂正是它把学习的主动权还给了学生。学习的过程是学生自己建构知识的过程,不是在传统课堂上的追赶或等待教师(传统课堂上教师总要照顾大多数的同学,而致头尾不顾),学生先通过视频获取自己需要知道的基本知识,在深化理解的过程中产生的疑惑可通过软件,或者在课堂上与同学、教师的交流互动中得到解决。

第五节 翻转课堂的实施流程

制作微课的目的就是要转变传统的教学方式,进而实施翻转课堂。

一、课前阶段

(一) 选择翻转课堂的平台

翻转课堂的初期阶段没有专门的技术平台,只能把微课上传到视频网站。学生根据微课的链接地址再下载观看。这样的弊端在于教师不能随时掌握学生学习过程的所有过程性数据。而且不能进行像作业提交、头脑风暴、自学测验、答疑讨论、小组活动等小组合作式学习。随着信息技术的发展,越来越多的支持翻转课堂的技术平台不断涌现。这些平台的出现对翻转课堂的数据化、系统化、高效化起到了很好的支持作用。

翻转课堂平台选择的原则如下。

(1) 系统性:把翻转课堂视为一个系统,以系统整体目标的优化为准绳,协调完善系统中各分系统(教师管理、学生管理系统、作业互评系统、资源管理系统、数据分析系统)的相互关系,使系统完整、平衡。

(2) 易用性:界面简洁、操作简单、容易上手。

(3) 高效性:平台的处理速度快。

(4) 拓展性:兼容性强,并为以后的功能升级预留更大的空间。

(二) 上传微课与资源

上传的资源包括微课、学习单、课前测验、资源链接等。

(三) 与学生交流互动

通过与学生的交流互动,检查学生的学习效果,了解和掌握学生在平台上的学习情况。

二、课中阶段

翻转课堂中的教师角色与传统课堂中教师角色相比已经发生了很大的变化。首先,教师的角色慢慢从讲台上的"圣人"变成了学生身边的"导师"。翻转课堂最大的优势在于,教师有针对性地回答学生的问题,不再是在讲台上滔滔不绝,仅仅远望而已。其次,教师能更多地指导学生深度学习。通过学习微课,学生经过思考后提出的问题更尖锐,更有针对性也更有深度,教师对学生的指导更细化、更明确、更有深度。最后,教师可以更多地加入小组讨论或学习。翻转课堂的一大特色就是团队合作。教师可以针对每个小组或者小组中的每个人进行询问与答疑。这样大大减少了学生与教师间的距离，同时可以更有效率地帮助学生完成学业。

翻转课堂的成功与否不仅取决于微课的质量，更取决于课堂中教师组织引导作用的发挥。

（一）教师疑难解答

通过技术平台，教师及时获取学生在课前学习的过程性状态数据和结论性自测数据，并获取学生的疑惑与问题。在课堂上，教师首先要对这些疑难问题进行典型性解答，以消除学生的疑惑，并对课前学习过程进行点评。随后提出更高的学习目标或问题供学生在课中讨论学习。

（二）分组研讨

在提出更高的学习目标后，可以进行分组讨论。分组可以是以课堂中现有的形态就近分组，也可以是采用云班课平台上的分组功能实现分组。教师可以参加某个小组的交流讨论，也可以给需要帮助的小组作指导。

（三）汇报分享展示

分组学习完成后，要求学生分享学习成果。分享以组为单位或单个人均可在课堂上分享，也可以通过云班课在平台上分享。

分组学习完成后，还可以在课堂上或通过云班课平台进行简单的测试。

（四）给优秀学生点赞（对学生或对小组进行奖励）

在课堂中教师通过云班课可以给表现优秀的小组或个人点赞，增加小组或个人的学习经验值，激发学生学习的兴趣和动力。也可以通过云班课把传统课堂上冗长而枯燥的点名考勤过程变成生动有趣的师生互动环节。

三、课后阶段

翻转课堂的课后阶段，教师主要是通过翻转课堂平台或微信、QQ 与学生进行沟通交流，同时继续制作后期课程的微课及相关资源。

思考与练习

1. 翻转课堂是不是适合所有（年级、课程）的课堂教学活动？
2. 你认为开展翻转课堂最大的难点在哪里？

✦ 学习资源链接

1. 刘婧.翻转课堂的可汗学院——互联时代的教育革命[M].杭州:浙江人民出版社,2018.

2. 乔纳森.伯格曼,亚伦·萨姆斯.翻转课堂与混合式教学:互联网+时代,教育变革的最佳解决方案[M].北京:中国青年出版社,2018.

3. 翻转课堂教学发展.http://www.icourse163.org/course/pku-21016#/info.

第十二章
新技术在教育中的应用

学习目标

1. 了解智能机器人技术、3D 打印技术、云计算技术、VR 技术、微信。
2. 理解五种技术在教育中的应用方式。

主要内容

进入 21 世纪之后,新技术的更新迭代变得越来越快速,特别是近些年新技术开始进军教育领域,对教育产生了一定的影响。作为一种科学技术,智能机器人超越了学科的限制,表现为一种综合性的应用工具。对于"做中学"学习模式,智能机器人作为一种益智学习工具,有其独特的优势。在学生的学习过程中,3D 打印技术为他们开拓了更大的认知空间,学生们跳出以往的学者身份,开始以制作者、设计者等诸多角色融入学习实践,极大地发挥了学习的趣味性。通过云计算技术来对当前知识框架进行改造,当前已经有一些学校通过 Gmail 和 Google Doc 技术组建了自己的教学和管理平台。VR 技术属于一种虚拟现实技术,为教学的改革和创新提供了可靠的技术支撑。微信不仅满足了大众即时通信的需要,还具备了内容传播、在线学习、知识共享等移动学习功能。

知识结构

新技术的出现对教育产生了持久而深远的影响,在当前教育体系的发展目标中,创新是一个重要方向。在新兴技术的兴起过程中,为教育培养创新提供了基础。新技术已经开始影响课堂教学,它不仅对学生的学习方式产生了非常重要的作用,而且在改变着教师的教学方式和教学理念。

第一节　智能机器人技术

一、智能机器人技术的概念

作为一门科学技术,智能机器人跨越了学科的限制,表现为一种综合性应用工具。它不仅涵盖了人工智能、计算机技术、网络技术以及传感器等科技,而且囊括了机械工程、自控技术等学科。对于一个国家来说,智能机器人的发展水平代表了其科学技术发展的进程。当前,我国政府正在布局小学信息技术教育战略计划,这也为中小学教育阶段引入机器人技术提供了前提条件。当这一布局得到全面控制之后,势必能够影响我国未来人才的现代科技技术和信息技术能力,并培养出一批拥有创造精神的国之栋梁。

作为一种科学技术,智能机器人自然也在不断进行创新,其主要表现为数字化和智能化水平的不断提升。在学习的过程中,智能机器人可以起到三个作用:①学生的学习伙伴;②学生学习的工具;③情境建设的依托者。作为一种学习工具,智能机器人已经形成了"从做中学"的实践教育模式,在世界上的许多国家都得到了较好的发展。

作为机器人教育科学研究技术水平的先进国家,日本最近发明了一套新的系统——R学习系统。这一款学习工具主要应用于投影设备,能够较好地促进学生的创造力和想象力的培养。该系统用于协助儿童在故事场景中的设计和渲染,在已经预设好的场景故事中,学生可以操纵机器人来完成角色任务。

二、智能机器人辅助教育的主要模式

(一) 辅助训练模式

在中小学阶段,对学生进行的各种技能的培训过程中,教师经常要做大量的重复操作演示,耗费大量的人力。如果在教学过程中,我们使用教育机器人进行示范,可以使教师免于烦琐的劳动,提高教师的工作效率。机器人所提供的辅助训练教育,可以跨越学科的障碍在各种课堂加以应用。例如,教育机器人可用于中小学的舞蹈、歌唱、体育、绘画和其他运动技能的培训示范和指导。

(二) 模拟教育模式

在教授一些社会科学或普遍规律的时候,机器人可以利用其自身优势来模拟出各种现象,让学生从直观感受中去掌握规律、把握知识。如此一来,学生能够获得观察能力和总结技巧,同时还有助于格物致知精神的培养。如操作模拟、演示模拟、过程模拟等。例如,在中小学的生物教学中,可以利用教育机器人模拟人的血液循环过程等,让学生加深对人体现象的认识。

(三) 个别辅导模式

学生的个性化发展是创造性的原动力,这是当前教育实施的前提条件,当今教育发展的重要方向就是体现个性的个别化教学。机器人所提供的个别辅助模式能够根据设置而展现出多样化的模式,这样就可以为每一个学生提供符合他们需求的个性化学习指导。例如,学生可以通过佩戴重量轻、体积小的微型机器人,来获得在任何地方、任何时间的学习帮助。而在幼儿早期的教育过程中,或者是中小学的课外拓展知识积累中,家庭机器人可以很好地担当起导师的作用,陪伴他们不断地积累和成长。除了以上两种机器人以外,还有软件机器人可以有效地追踪和记录一个学生的学习习惯和效果,并根据这些来分析和总结出符合他们个性化成长的学习指导。

(四) 游戏教育模式

游戏教育是激发学生学习热情的有效手段,机器人游戏打破了传统游戏的局限性,为学生提供了一种更为真实、有趣的游戏学习环境。一般来说,在设置机器人游戏教育环节的时候需要着重考量以下几个问题:①游戏内容是否和教学知识相联系,游戏的主题是否符合学生健康身心成长的要求;②游戏的规则中是否涉及了教师的培养目标;③游戏是否设置了竞争目标和适当的游戏时间,如果学生沉迷于游戏而不愿意走出来,那么将会影响整个课堂的进度。

(五) 远程教育模式

在以往的远程教育过程中,仅仅可以实现网络的对接,而很难适应课堂的生成问题。在机器人远程教育模式中,智能化水平得到了很好的提升,可以针对学生的个性进行差别化的教育,由此来弥补传统远程教育的不足。在机器人远程教育的过程中,学生可以和教育者进行有效的沟通和反馈,通过对数据库的把握和应用还能够对学生进行及时的指导。例如,在农村的中小学,学生可以通过机器人远程教育模式享受优质的教育资源。

第二节　3D 打印技术

一、3D 打印技术的定义

所谓的 3D 打印技术(3D Printing),在近些年来引发了学界的研究热潮,它本质上是指一种快速模拟成型的技术。通过对文件进行数字模型的解构,可以将粉末状金属或其他可利用材料逐层打印成三维立体模型。

3D 打印技术需要建立在数字模型之上,它所描绘的是一种以物理空间模型为最终形态的塑造技术。3D 打印可以更真实地呈现具体的物理和虚拟事物,这一过程可以促进学生更好地掌握事物的动态特征,体现较高的教育和获得价值。对于原本抽象的空间构造思维,在经由 3D 打印机的模拟和塑造之后,可以表现为一种真实的、立体的状态,由此而让学生更直观地观察到复杂的空间问题。对于学生来说,3D 打印技术为他们提供了一个全新的学习动态过程,学生可以自己进行设计、制作、展示,整个学习过程充满着神奇和乐趣。同时,在学生亲自参与和体验的过程中,他们自身的思维创造能力和空间认知能力也得到了很大的提升,这对于其未来的创造性发展有着积极的促进效果。

当前,有的国家已经开始组织专门的机构针对 3D 打印技术在教育领域中的应用进行探索和模拟。其中,新媒体联盟在 2013 年所发表的报告中明确指出,在未来的数年之内 3D 打印技术势必将成为影响全球的一项新技术,它会在教育、学习和探究等各个领域绽放光彩。与此同时,英国的教育部门也针对此启动了一项新的研究项目,其目的是把 3D 打印技术充分地引入物理探索、数学研究以及工程技术的开发方面,使得 3D 打印技术能够和当代教育模式充分地融合,为中小学的教育创新提供全新动力。2013 年首届世界 3D 打印技术产业大会在我国的首都北京隆重召开,其间更是成立了世界 3D 打印技术的产业联盟,这也意味着 3D 打印技术已经叩响了未来世界的大门。

二、3D 打印技术在教育中的应用

随着 3D 打印技术的发展,当前已经有部分中小学开始将它引入自身的教学中,为教学体系的变革提供了全新动力。一方面,3D 打印技术能够促进学生综合素质的提升;另一方面,3D 打印技术可以通过构建立体模型的方式来帮助学生获得创造和创新能力。当前,在教学过程中已经有了对于立体光刻成型(Stereolithography,SLA)和熔融沉积造型术(Fused deposition modeling,FDM)打印技术的应用实践。本文将从教师和学生的角度分析 3D 打印机在教育中的应用。

(一)在教师方面的应用

(1)利用 3D 打印技术来创造教学用具,帮助学生更加直观地感受到知识内容,填充课堂教学中的间接经验学习的枯燥和乏味。举个例子,在中小学进行历史教学的过程中,教师可以事先利用 3D 打印技术将课堂上所涉及的历史古迹或文物模型创造出来,通过对原始的历史事件或历史场景的模拟,让学生就像是参观博物馆一样在课堂上获得直观感受,由此形成对历史知识的精准把握。

(2)赋予隐性知识以显性特征,让原本抽象的学习资料变得更加具体化,具体化转变为形象化,视觉复杂化转变为认知简单化。如中学教师在讲解立体几何时,为了解决学生空间想象能力不足的问题,就可以借助 3D 打印技术来创造出合适的几何体,学生在真实直观地感受几何体外部结构和内部构造的过程中逐步形成空间概念。

(二)在学生方面的应用

对于学生来说,3D 打印技术就像是让他们可以去直观感受现实的"任意门",使得学生拥有更高的创新意识,同时也激发了他们进行创新实践的热情。在学习当中,利用简单的建模软件就能够让学生的空间思维得到促进,通过3D打印技术而模拟出来的直观性模型,更能够让学生去真实感受知识,培养他们应对实际问题的能力。

第三节 云计算技术

在信息技术不断推进的过程中,教育的信息化水平也在不断地提升,云计算技术已经成为当前教育领域中的一个重要应用。学校或教育部门可以利用云计算来改变现有的信息化架构,通过云计算的基础工具来构建 Gmail 和 Google Doc 3D 教学和管理系统。

一些国家针对云计算技术的应用也做了许多有效尝试。例如,在澳大利亚的一个州政府中,其教育部门和微软联合制作了一项计划,以 Office 365 为基础创造了一个可以覆盖所有教育机构的平台,学生在这里可以交流共享信息和心得,由此推动了学生学习课堂的生活化和场景化进程。

一、云计算的定义

在云计算的定义中,第一个字"云"其实指代的是互联网。所谓的云计算,对于不同行业的人来说它有着不同的界定。在维基百科中这样对其进行了表述:云计算自身表现为一种动态的、扩张性极强的虚拟计算方式,它是建立在互联网信息资源基础之上的,使用者不需要去研究它的内部运作机制,也不需要去解析它所蕴含的专业内容,可以直接通过普通输入到普通输出来进行应用。在谷歌的定义中,云计算就是一种基于互联网信息技术而存在的开放性服务,它为用户提供了高效性的数据储存和计算服务,使得身处互联网世界的每一个个体、每一种信息成为它的资源。

就云计算来说,究其本质就是将本地计算机上或远程服务器上的数据整合形式进行了重新设定。不管是在数据的储存方面还是数据的传播方面,服务中心都可以快速地完成这一任务。整个数据的计算过程,其大部分应用还需要在分布式计算机上来完成。就像不把钱留在家里,而是把它存放在银行,需要时可以在银行或自动取款机上取钱。由此不仅有效地避免了旅途中携带大量现金的麻烦,而且保障了个人财产安全。

二、云计算在教育中的应用

(一)建设大规模共享教育资源库

当前,在教育的资源数据库中也出现了许多问题。例如,整体的教育资源呈现出不平衡的分配,而且教育资源拥有很大的排他性,相互存在协作壁垒。如果采用云计算技术,就可以很好地打破传统的资源壁垒,让数据通过集中的储存和管理来扩大资源的使用范围,从而满足更多人群的资源需求。同时,云计算技术还可以实现跨学科的交流,学生可以通过不同的平台来获得所需信息,而且可以通过网络进行即时分享。

（二）创设网络学习平台

随着云计算的逐步发展，人们已经尝到了在线学习的甜头，由此促进学校和教育机构将自身的教育资源统统进行了网络迁移。云计算有助于教学环境和教学系统的构建，教学环境包括三类：学校教学环境（SLE）、群体学习环境（CLE）、学生个人自主学习环境（PLE）。教学系统也可以分为三类：①教学过程的信息传递；②教师和学生之间的互动和反馈；③学生自主学习的辅导。在这里，学生拥有很大的学习自主性，通过云计算所构建的全资源环境，学生可以自己利用在线学习来获得知识和技能。在谷歌的云计算服务中，各种文本、图片、音视频、表格、文档等资源都可以集成到一起，同时还可以享受谷歌的云服务，为网络学习者提供丰富的网络学习资源和良好的学习平台，促进在线学习的发展。

（三）实现网络协作办公

在云计算所提供的服务总和中，软件也是一种独特的服务类型。它以在线服务的形式提供软件，帮助学校进行信息化体系建设。同时，云计算服务还支持一些常见应用软件，如电子邮件、普通办公软件等。在学校拥有了云计算的服务后，整体的信息系统构建变得高效而便捷，在相关的软件开发和维护上也节约了大量的投资。除此之外，在云计算所提供的服务体系中，学生只需要利用互联网将网页打开就可以进行在线的日程调配以及相关的学习进度查询，同时还可以分享相关的教学活动信息，实现人员协作管理以及文档共享和编辑，完成在线协同办公。

第四节 VR 技术

VR 技术属于一种虚拟现实技术，为教学的改革和创新提供了可靠的技术支撑，其作用不容忽视。依据当前 VR 技术在教育领域中的应用情况，无论是国内，还是国外，均取得了良好的效果，VR 技术未来的发展潜力和空间极大。虽然 VR 技术的发展时间不长，但是在教育行业中的应用效果却不俗，因此深入探讨 VR 技术在教育领域中的应用具有重要的意义和价值。

一、VR 技术的概念与特征

（一）VR 技术的概念

VR 技术，即虚拟现实技术，是在虚拟的环境里体验现实世界。VR 技术是在计算机技术基础上，用传感器技术、图像技术以及多媒体技术、人机接口、仿真技术建立的新技术。近年来，VR 技术在各个行业中都有所运用，例如现代军事、教育培训、医学研讨、心理学、商业、影视等行业，它也是现代人们比较关注的新的发展学科。

（二）VR 技术的特征

虚拟现实可以体现出不同的特征，其中涵盖了沉浸性、交互性、构想性，同时涉及多个学科。另外，运用该项技术和人工智能技术及其他技术，还能展现出智能化、自我演化的特点。

对于该项技术来说，其中涵盖了很多不同学科内容以及有关技术，并且它属于科技在将来的发展趋势，能够按照人类的感觉系统来变换人们的空间感觉。另外，创新运用该项技术，并采用"虚拟现实+"，也能构建出有效运用在不同行业的相关应用系统，促进网络以及移动终端应用得到更大发展前景，并助力不同行业有效开展变革发展工作。此外，该项技术拥有的各项特征以及能够给人们带来的不同体验，也会对教育模式、教育理念、教学方式带来很大影响，并体现出其自身优势以及关键性。

二、VR 技术在教育中的应用

（一）借助 VR 技术调动学生的积极性

在实际的信息技术教学中，为了能够让学生对一些信息技术知识有更加形象的认识，教师可以借助 VR 技术来教学，并且在教学过程中通过开展一些教学实践活动，使得 VR 技术的教学能力能够充分地发挥出来。

以"画基本几何图形"这个小节的内容为例，在教学过程中，必须要掌握的便是这个小节的教学目标，即"带领学生对用几何画板绘制三角形的方法有初步的掌握，并且在此基础上，能够引导学生初步掌握几何画板的思考分析方法"。在对这样的一些知识点进行讲授时，教师如果只是依靠单纯的口述，那么可能没办法将其中的知识所含有的灵活性以及发展性表达出来，而且没办法让学生对这些知识有真正的了解。但是，如果教师借助 VR 技术来对这些教学内容进行教学，将原本极为虚拟抽象的内容还原到现实，便可以让学生对知识的特点做一个更好的了解。所以在实际教学中，教师采用 VR 技术将"绘制画板"做一个 360°的全方位展示，使学生能够沉浸在课堂教学的内容讲解中。此外，除了将"绘制画板"做一个全方位展示之外，教师还可以将学生带入 VR 技术所呈现出来的课堂环境中，使其能够获得一个更加清晰的感官体验，当然这样一种感官体验是在与 2D 教科书进行对比的基础上得出来的。而且，教师可以借助 VR 技术，让学生置身于一种虚拟的空间内，然后手动地操作"绘制画板"，使其所绘制出来的东西可以更加直观地展现在学生的眼前。如此一来，课堂教学便会在这样一种技术的支撑下变得更加灵动，学生的学习相对来说也更加富有价值。此外，借助 VR 技术，学生所掌握的知识会变得更多，他们的学习状态也会更加轻松，由此他们的学习积极性便会得到提高。

（二）用 VR 构建仿真场景

在中小学学科教学中，经常需要为学生提供场景，以供学生观察或体验。传统教学中，提供场景的方式包括教师描述、图片观察、视频播放等，这样所营造的场景具有间接性，如果学生的想象力或空间思维力不足，将难以把握场景的特征。而使用 VR 技术，能够以生动的方式来呈现三维场景,降低对学生想象力与空间思维力的要求。场景也可与主体交互,显著提升学生观察或体验场景的效率。

例如,在学习小学科学中与"太阳系"有关的内容时,就可以使用VR技术呈现一个仿真的太阳系场景,让学生观察行星围绕太阳运转的轨迹,与此同时,认识太阳系中各行星的大小、与日距离等特征。对于太阳系这样遥远的事物,学生不可能以肉眼进行全面的观察,而通过使用VR技术,便能够让学生对太阳系的运行方式产生足够的感性认识。

又如,在中小学语文课堂上教学古诗词时,为了让学生体悟到文字的美感、把握其中的意境,需要为其提供接近意境的场景。教师可以使用VR技术创设仿真场景,让学生入情入境,创造适宜欣赏古诗词的心理状态。除了由教师创造场景外,也可由学生自行使用VR资源编辑器,根据古诗词的内容编辑真实场景,让学生以建构者的身份去把握场景。

(三)用VR技术呈现微观结构

VR技术不仅能够将如太阳系那样庞大的事物带到学生身边,也能够深入微观事物的机制,将因太过微小而不可能被直接观察到的事物以立体化的方式放大呈现。

例如,在高中生物课程中学习"组成细胞的分子"时,有机大分子是教学上的难点,学生对有机物的结构不易理解,即使教师将自己的空间想象介绍给学生,学生仍然会理解错误,并因为无法把握大分子的特征而体验到受挫情绪。如果使用VR技术,便能够清晰地呈现有机物的微观结构。在精心设计VR教育资源的情况下,学生不仅可以细致入微地观察到有机大分子是如何构成的,还可以看到VR技术呈现的分子之间发生反应的动态过程,例如氨基酸脱水缩合反应形成多肽的过程。使用VR技术,学生就不再仅仅通过想象去把握微观世界,而是能够获得最为直观的认知。在学习化学时,也可以使用VR技术呈现原子世界,使学生理解到不稳定化学元素的特征,其教学效果将远胜于个人想象。

在中小学学科中,物理、化学、生物学科对呈现微观结构具有很多的要求,VR技术以其可以呈现微观结构的作用,可在这三门学科中发挥重要价值,能够攻克许多传统条件下的教学难点。VR技术所提供的深入微观世界的体验还有助于一改学生对这些学科形成的"枯燥""难懂"的印象,对全面提升学习兴趣具有帮助。

(四)用VR技术完成虚拟实验

VR技术不仅可用于观察、体验及简单交互活动,还可以成为复杂性操作活动的构建平台,在中小学实验教学中发挥作用。在虚拟实验室中,实验仪器可被任意调取使用,实验教学也不再受到学校实验室开放时间表的限制。而且,在VR环境下,精心设计的程序有助于消除设备数据误差,使学生更好地通过实验来认识科学原理。

以初中物理中的"物体透过凸透镜成像"的教学内容为例,根据教学需要建立VR教学资源后,学生就可利用鼠标缩小物体和凸透镜之间的距离,VR界面会根据预先设定好的程序反馈操作。学生观察成像特点,同时总结距离与成像之间的关系。

值得注意的是,VR实验教学在易对设备造成损害的实验中具有突出价值。例如,对于中学物理课程中"探究电路短路问题"这一实验,如果以传统的方式进行真实实验,将会对器材造成损坏,并给学生带来人身安全隐患。如果使用VR技术进行实验,便可以有效地避免这一问题,使学生能够以虚拟观察和操作的方式来了解电路短路的具体现象及处理方式。在更多情况下,VR 实验教学并不能完全代替真实的实验教学。当真实试验具有较高可行性时,可将 VR 实验与真实实验结合起来,让学生提前在 VR 环境中进行预热性的虚拟操作,待熟悉把握实验要点之后,再着手开始真实实验。

第五节 微 信

近年来,各式各样的互联网沟通工具如雨后春笋般涌现,如 QQ、微博、微信等已家喻户晓。当前,"微信"由于其用户基数大、交流成本低、社交属性强、应用功能多等优势,成为大众交流的重要选择。它不仅满足了大众即时通信的需要,还具备了内容传播、在线学习、知识共享等移动学习功能;它不仅是一款网络社交工具,还成为连接学校与家庭、教师与学生的重要枢纽。

一、微信概述

微信朋友圈是微信上的一个社交功能,用户可以通过朋友圈发表文字、图片、小视频、网页链接等,同时可通过其他软件将文章或者音乐、视频分享到朋友圈,用户可以对好友发布的内容进行"评论"或"点赞"。朋友圈的优势是不会强制用户阅读,适用于不太重要的知识传导类信息。将语文教学应用于微信朋友圈中,主要具备"传、导、评、晒"四个功能。

微信公众平台(简称微信公众号)是在微信的基础上新增的功能模块,个人和企业都可以打造一个微信的公众号,并实现和特定群体的文字、图片、语音的全方位沟通、互动,还可以实现微报名、微社区、微投票等轻应用功能。微信公众号的优势是多元化,支持文字、图片、语音、视频以及混合图文编辑,帮助用户免费打造属于自己的自媒体宣传平台。将语文教学应用于微信公众号,主要具备"宣、教、学、赛"四个功能。

二、微信在教育中的应用

(一)利用微信加强师生、家校沟通,提高课下学习效率

微信已成为绝大多数人日常生活中的必要工具,由此我们可以尝试利用微信的通信功能,形成教师和家长之间的实时沟通,让家长掌握孩子在校的情况,教师掌握孩子在家的情况,更深入地了解孩子,做到因材施教,努力让孩子全面发展。在以往的教学过程中,师生在课下很少进行交流,引入微信之后,师生可以随时随地进行交流,不懂的问题可以线上咨询教师,教师线上解答,既节约了教师课下答疑的时间,又提高了学生的学习效率。微信便于沟通的优点可以帮助教师及时掌握学生课下的学习效果,及时了解学生生活学习的情况。

微信群现今是一种比较方便家校沟通的平台,每天教师通过微信群发布作业、重要通知、考试时间等消息,加强了教师与家长的沟通,有利于家长及时了解学校和班级的最新

资讯,家长也可以进行课下的学习辅导工作,方便家长了解孩子在校的学习和生活情况,有问题及时与教师沟通,协助学校做好学生教育工作。微信线上沟通打破了教师高高在上的距离感,避免有些家长认为学生应该由学校去管的误区,拉近了师生和家校之间的距离,一切为了孩子发展,形成一种师生融洽、家校互助的新型和谐的师生关系、家校关系。

(二)利用微信公众号,节省点滴时间学习,提高自评能力

微信公众号开始普及,可以鼓励教师创建微信公众号,定时发布与课上有关的习题讲解、教育最新资讯、追踪科技发展动态等一系列信息,方便学生利用好课下的零散时间学习。可以将每天所学的东西统计整理,发布到微信公众号的推送中,这样孩子可以在课下复习当天所学内容,查缺补漏,将不能理解的知识点、作业中不会的问题等及时反馈给教师。教师可以根据不同班级的实际情况拟定明天的教学内容,同时也可以提前发布未来的教学内容,让学生做好预习。

微信公众号还可以建立"会员"模式,每个学生都有一个属于自己的"会员码",在公众号做的题目或者测试越多,就会获得更多的会员积分,教师在后台查看积分的同时,也会掌握学生的学习情况,并且通过数据分析,帮助教师分析学生做题过程中所反映出来的一系列问题,依据问题分布的人数,抓住授课的侧重点和普遍出现的问题着重讲解,个别的小问题单独讲解,避免浪费课上的时间。利用这些数据处理方法,为教师省去了很多麻烦,也节省出了大量的时间来钻研教学。

大数据的发展让教育更加信息化,通过对例次考试的成绩数据分析,可以更加准确地找到教学过程中的重点,通过对作业错误率的分析,可以更准确地找到课堂上遗漏的内容。

目前比较成功的英语学习公众号,每天都会推送一道题和一小段英文文章供用户学习,一个小时以后会公布答案讲解以及文章翻译,每天跟着这个公众号一起学习,无形中积累了不少知识。大家的疑问或者理解也会发布在公众号里,这样可以接收到不同的意见和新的理解,也会知道自己的不足,形成一个每天自评的良好习惯。同样,这种日常积累学习可以用于所有学科,既给学生减负也能收获长期效果。

(三)利用微信群功能的便捷性,进行课后学习

微信可以传输文件,在班级群中,教师可以将平时上课的课件传送至微信群中,家长接收到文件后,既可以了解教师的授课进度,也方便在家辅导孩子。因为有了微信,教师布置作业或有事情通知都变得方便了,预习与复习也可以通过微信变得简单快捷。

小学低年级的孩子自制力相对差,教师每天都在微信群中发送今日作业,方便家长查看和辅导检查,教师也会及时收到如背诵阅读等活动作业的反馈,孩子也养成对作业比较重视的习惯。在小学的高年级以及中学,教师不会在群中发送作业,而是发送一些放假、时间调整等重要通知,或反馈学生的学习情况等。

有了微信群功能,学生之间建立了友情,家长也同样通过微信群建立起沟通的平台,住在一个小区的可以互相沟通了解,有问题可以寻求其他家长或教师的帮助。

在收款方面,已经不需要学生将钱带到学校统一收取,避免有些孩子丢失或胡乱使

用,家长也会比较方便地将所需要交纳的学校费用及时上交,省去了学校和班主任教师的工作。目前已经有一部分学校开始使用微信群功能,例如发布一些校运动会的举办流程、考试时间表,等等,同时也会接受家长的咨询。大多数教师在周末向群里布置下周新授课要预习的内容,并且上传PPT,方便学生在周末对这一周的内容进行复习。

思考与练习

1. 智能机器人辅助教育的主要模式有哪些?
2. 3D打印技术在教育中有哪些应用?
3. 云计算的基本原理是什么?
4. VR技术的特征是什么?
5. 微信在教育中如何应用?

学习资源链接

1. 刘金畅.3D打印技术以及应用趋势[J].计算机工程应用技术,2014(34).
2. 王雪莹.3D打印技术与产业的发展及前景分析[J].中国高新技术企业,2012(26).
3. 花燕锋.张龙革.3D打印技术在教育中的应用研究[J].中小学电教,2014(6).
4. 王同聚.智能机器人实验为教育开启创新之门[J].中小学信息技术教育,2006(10).
5. 吴洁,何花,周波.浅谈教育机器人[J].中国教育技术装备,2006(7).
6. 恽为民.智能机器人——技术教育的新装备[J].中小学信息技术教育,2003(3).